—— 作者 ——

斯蒂芬·埃里克·布朗纳

美国罗格斯大学政治学杰出教授，罗格斯大学种族灭绝与人权研究中心全球关系项目主任，研究领域为当代政治理论、政治史、文化政治学等。已出版专著二十余部，发表论文约两百篇，作品被翻译成十几种语言。2005年获美国政治学会颁发的"查尔斯·麦科伊终身成就奖"。

［美国］斯蒂芬·埃里克·布朗纳 著　孙晨旭 译

牛津通识读本·

批判理论

Critical Theory

A Very Short Introduction

译林出版社

图书在版编目（CIP）数据

批判理论／（美）斯蒂芬·埃里克·布朗纳 (Stephen Eric Bronner) 著；
孙晨旭译. —南京：译林出版社，2023.1
（牛津通识读本）
书名原文：Critical Theory: A Very Short Introduction
ISBN 978-7-5447-9311-7

Ⅰ.①批… Ⅱ.①斯… ②孙… Ⅲ.①辩证批判理论
Ⅳ.①B085

中国版本图书馆 CIP 数据核字（2022）第 136567 号

著作权合同登记号　图字：10-2013-27 号

批判理论　[美国] 斯蒂芬·埃里克·布朗纳 ／著　孙晨旭 ／译

责任编辑　田　智
装帧设计　孙逸桐
校　　对　戴小娥
责任印制　董　虎

原文出版　Oxford University Press, 2011
出版发行　译林出版社
地　　址　南京市湖南路 1 号 A 楼
邮　　箱　yilin@yilin.com
网　　址　www.yilin.com
市场热线　025-86633278
排　　版　南京展望文化发展有限公司
印　　刷　徐州绪权印刷有限公司
开　　本　850 毫米 ×1168 毫米 1/32
印　　张　4.375
插　　页　4
版　　次　2023 年 1 月第 1 版
印　　次　2023 年 1 月第 1 次印刷
书　　号　ISBN 978-7-5447-9311-7
定　　价　59.50 元

序　言

陈振明

　　什么是批判理论？从思想源头上讲，顾名思义，它的底色是一种"批判"精神。比如在本书开篇，作者斯蒂芬·埃里克·布朗纳以苏格拉底的例子所表明的，这种哲学倾向奠基于审视传统观念、超越既定秩序这一遗产之上。作为一系列具体的主张，批判理论的形成则经历了一个较长的孕育时期，大致位于第一次世界大战和第二次世界大战之间，与法兰克福学派息息相关。

　　法兰克福学派将自己的哲学-社会学理论称为"社会批判理论"或"批判理论"。这一名称是霍克海默在1937年的《传统的和批判的理论》一文中确立的，较好地概括出了法兰克福学派理论的特点。这种理论诞生于马克思主义的思想熔炉，但又与马克思主义在类型上有所不同。尤其是，它所关注的焦点不在"经济基础"，而在政治和文化等"上层建筑"上。

　　对于一般读者来说，可能首先有必要明确的一个问题是：批判理论与传统理论有什么不同？在《传统的和批判的理论》一文中，霍克海默开门见山地提出"理论是什么"的问题，并回答说，在大多数人眼里，理论是由基本命题和推出命题组成的有逻辑联系的推理系统；理论的真正有效性取决于命题是否符合实际，理论是假说，又是储备起来的认识。霍克海默认为，上述这些看法，正是传统的理论观点，这种对理论的看法与现代哲学的开端相一致，他处处将传统理论和批判理论加以对照来说明什么是社会批判理论。在霍克海默看来，批判理论与传统理论的对立表现在下列几个方面。

首先，批判理论和传统理论对待理论的基本态度不同。传统理论把研究与价值、知识和行动（即事实与价值、理论和实践）分割开来。批判理论则将价值与研究、知识与行动统一起来。其次，批判理论与传统理论对主客体关系的看法不同。传统理论采取一种主体-客体的认识模式，在这里，主体和客体是严格分开的。批判理论否认认识主体和客体的绝然分离，它主张用一种更广泛的认识模式来代替传统理论的主体-客体模式，在这种模式中，主体和客体被看作是在实践总体内的相互制约和相互转化着的东西。再次，两种理论反映了两种不同的认识方式，它们的认识基础和认识方法不同。传统理论以自然科学为基础，并以笛卡尔的演绎逻辑作为方法论。批判理论则以古典哲学尤其是形而上学的人本主义作为认识基础，并以马克思的政治经济学批判作为认识方法。

对大众文化或文化产业的批判是法兰克福学派社会批判理论的一个中心主题。在法兰克福学派看来，大众文化或文化产业的最显著的特征是，它使文化艺术产品商品化。大部分文化生活领域被吸收并转变成控制个人意识的方面；同时，文化变成一种产业，利润动机转变成文化形式，越来越多的艺术产品变成商品，它们像工业产品一样可以销售和交换。在作者布朗纳看来，"文化产业"可以说是批判理论最著名的概念。为了使销量最大化，这个产业正不停地降低着大众品味，同时将真正的个人体验置于消费主义的威胁之下。"人们因文化产业而麻木，丧失了选择余地，缺乏反思性，陷入快节奏但最终毫无意义的生存旋涡之中，因此对他们的历史失去了控制。"

显然，法兰克福学派对大众文化或文化工业的批判导源于他们对现代资本主义国家，特别是法西斯主义国家利用大众传播媒介操纵大众心理和意识的痛切感受，是他们对当代科技发展对文化手段尤其是大众传媒影响的评估，以及对当代资本主义社会中变迁着的文化模式的反思。法兰克福学派看到当代资本主义社会文化领域出现的新变化和新特点，力图揭示当代资本主义社会或发达工业社会与自由资本主义社会不同的文化模式；指出了当代资本主义文化日益商品化的一般趋势，以及这种趋势所带来的对文化事业的危害。他们在一定程度上看到了当代资本主义文化的局限性，揭露、批判垄断资产阶级把文化变成为现实和统治辩护的意识形态工具，指出了由此产生的种种消极异化现象。

另一方面，在当代，工具理性已变成社会的组织原则。它渗透到社会的总体结构和社会生活的各个方面，造就了异化、物化或单向度的社会和单向度的思维方式及思想文化，成为社会对人进行全面统治、控制和操作的深层基础。因此，法兰克福学派致力于对工具理性的批判和实质（批判）理性的重建。布朗纳认为，"工具理性与主体性的侵蚀即异化，内在地联系在一起"。它不过是一种"数学技巧"，能有效解决匮乏问题；它可以将劳动者降格为生产成本，将人类贬低为可供支配的资源。

布朗纳教授的这本篇幅不大的小书，聚焦于与批判理论紧密关联的异化、物化、工具理性、文化产业等概念，不仅追溯了这一理论及法兰克福学派的来龙去脉，而且突出了批判理论在当今社会中的现实意义。全书为读者描摹了一幅法兰克福学派的思想群像，群像中既包括霍克海默、阿多诺、马尔库塞、弗洛姆、哈贝马斯等"核心集体"的成员，也包括卢卡奇、柯尔施、韦伯等与之颇有渊源的思想家。从异化和物化到启蒙的幻象，再到乌托邦的种种愿景以及该理论在时代发展之下的嬗变和新生，各章之间逻辑清晰，是我们进入这一主题的理想读物。

谨以此书纪念恩斯特·布洛赫

目　录

导 言

什么是批判理论？

哲学从一开始就显示出一种颠覆性。柏拉图的《申辩篇》讲述了苏格拉底如何受到雅典公民谴责，被指腐化青年品行并怀疑神灵。这一控诉是有些道理的。苏格拉底对传统观念提出了疑问。他使存在已久的信念接受理性的审视，并对超越既定秩序的问题进行了思考。众所周知的"批判理论"就建立在这一遗产之上。这种新的哲学倾向形成于第一次世界大战和第二次世界大战之间，它最重要的代表人物对根植于西方文明之中的剥削、压迫和异化发动了无情的攻击。

批判理论拒绝将自由与任何制度安排或固化的思想体系联系在一起。它对相互竞争的理论和既有实践形式之中隐含的假设与意图提出质疑。对于所谓的"长青哲学"，它并无用处。批判理论坚持认为，思想应当回应不断变化的历史环境中产生的新问题以及实现解放的新的可能性。批判理论具有跨学科性和独特的实验性，对传统和所有绝对主张深表怀疑，不仅始终关注事物当下如何，也关注其可能如何以及应当如何。这种道德要求促使其主要思想家发展出一系列主题和一种新的批判方法，从而改变了我们对社会的理解。

批判理论有许多渊源。伊曼努尔·康德认为道德自主是个人的最高道德准则。他为批判理论提供了关于科学理性的定义和以自由前景面对现实的目标。同时，黑格尔认为意识是历史的动力，思想与现实问题相关，哲学是"被把握在思想中的它的时代"。批判理论家学会了从总体着眼解释特定事物。自由的时刻出现在被奴役者和被剥削者要求得到承认之时。

康德和黑格尔都体现了源于17世纪和18世纪欧洲启蒙运动的世界主义和普遍主义假设。他们依靠理性对抗迷信、偏见、暴行和制度性权威的专断行使。他们还对美学所表达的人文希望、宗教的救赎期许以及关于理论与实践关系的新思路进行了思索。青年卡尔·马克思以其有关人类解放的乌托邦思想走得更远。

批判理论是在马克思主义的思想熔炉中构想出来的。但其代表人物从一开始便对经济决定论、历史阶段论和关于社会主义"必然"胜利的宿命观不以为然。他们关心的与其说是马克思所说的经济"基础"，不如说是社会的政治和文化"上层建筑"。他们的马克思主义属于一种不同的类型。相比于其系统主张、对异化和物化的关注、与启蒙理想的复杂关系、乌托邦要素、对意识形态作用的重视以及抵制个体畸变的承诺，他们更着重强调的是其批判方法。在"西方马克思主义"的代表人物卡尔·柯尔施和格奥尔格·卢卡奇构想批判理论时，这一系列主题构成了它的核心内容。两位思想家为批判计划提供了框架，随后社会研究所，或者说"法兰克福学派"便以此而闻名。

其主要成员包括以精通音乐和哲学而扬名的西奥多·W.阿多诺，他从1928年开始与研究所合作，却在十年后才成为正式成员；天才心理学家埃里希·弗洛姆，他从1930年开始为期九年的合作；在许多领域才华横溢的哲学家赫伯特·马尔库塞，1933年加盟；这些思想家中最具创造力的瓦尔特·本雅明，从未正式成为一分子；于尔根·哈贝马斯，1968年后成为其领衔哲学家，无疑也是研究所最多产的思想家。然而，研究所的指路明灯是马克斯·霍克海默。他将这些杰出的知识分子凝聚到一起，为社会批判理论搭建起跨学科的基础。

法兰克福学派起初相信其思想工作会对无产阶级革命行动的实际前景有所裨益。然而，随着20世纪30年代的逝去，革命在苏联走向沉寂，在欧洲也前途暗淡。法西斯主义已经肆无忌惮地进入政治生活，起初与现代性相伴的人道希望显得愈发天真。法兰克福学派使左翼人士对于科学技术固有的进步特征、大众教育以及民众政治的长久信念受到尖锐的拷问，以此记录了这一历史性的转变。

法兰克福学派从阿图尔·叔本华、弗里德里希·尼采、弗兰兹·卡夫卡、马塞尔·普鲁斯特、塞缪尔·贝克特和现代主义遗产那里吸收了深刻的见解，借此重新塑造了历史辩证法，启蒙运动和马克思主义随之从它们未实现的理想的角度得到正视。批判理论重建被遗忘的乌托邦形象和被忽视的反抗理想的历程，是在实现它们的可能性似乎不复存在的情况下开始的。其成果是只在当代学者中盛行起来的一种新形式的"否定辩证法"。

法兰克福学派一直认为，拥护既定秩序的哲学是促成社会解放的障碍。对绝对基础、分析范畴以及证明真理主张的固定标准的执著，遭到其成员的谴责。他们看到了两大元凶：**现象学**及其关于个体如何体验存在的固有本体论主张，以及要求按自然科学标准来分析社会的**实证主义**。两者都因非历史地对待社会并排除真正的主体性而遭到抨击。批判理论被认为是一种替代性选择。它的动力来自变革意图和对现代生活的文化的格外关注。

异化和物化是最常与批判理论联系在一起的两个概念。通过将这两个概念从历史背景中剥离出来，前者通常被视为剥削和分工的心理结果，后者常被视为人如何被当作"物"受到工具式的对待。20世纪20年代西方马克思主义者已经对异化和物化做出开创性研究，但法兰克福学派对这两个复杂范畴如何影响发达工业社会中的个人，提出了一种独特的理解。

他们研究了思想正通过哪些方式沦为关于何者有效且有利可图的机械看法，道德反思正以何种方式趋向消亡，审美趣味正以何种方式日益标准化。批判理论家们警觉地注意到解释现代社会何以变得愈加困难。由此，他们从异化和物化如何危及主体性的发挥、剥夺世界的意义和目标并使个体成为机器上的一个齿轮的角度，对它们进行了分析。

奥斯威辛集中营被认为体现了异化和物化最根本的含义。这一转折性事件比18世纪里斯本地震更加彻底地击碎了关于进步的乐观设想。纳粹集中营还历历在目，广岛和长崎又被焚巢荡穴，关于苏联古拉格的新报告浮出水面，麦卡锡主义在美国甚嚣尘上，于法兰克福学派而言，西方文明带来的似乎不是人的发展，而是一种前所未有的野蛮状态。他们意识到，比起通常对于资本主义的老套批评，需要从激进思想中获得更多的东西。

一个官僚化治理的大众社会正显而易见地整合着一切反抗形式，抹杀着真正的个性，孕育着带有权威偏好的人格结构。一致性正在摧毁自主性。如果资本主义的发展与标准化和物化相关，那么进步实际上是一种倒退。因此，左派人士不加批判地接受的与启蒙运动相关的那些幻象需要重新审视，现代性本身也需要批判。

法兰克福学派的所有成员一致认为，需要加强教育以抵抗权威趋势。但尚不清楚的是，这样的教育在一个全面管制的社会中可能有多大效果。一个新的"文化产业"——可以说是关于批判理论最著名的概念——为了使销量最大化，正不停地力争降低大众品味。真正的个人体验和阶级意识正受到发达资本主义的消费主义的威胁。这一切使得霍克海默、阿多诺和马尔库塞提出，一部作品的受欢迎程度——不考虑它的政治讯息——取决于它的激进冲动在多大程度上被整合到体制之中。这些思想家成为现代主义实验艺术的拥护者，而在战后的紧张氛围中，他们也支持以一种"伊索"式复杂难懂的写作方式掩藏他们的激进信念。不过，在参与20世纪60年代起义的激进知识分子中间，批判理论深奥、含蓄的风格只会增强它的吸引力。

批判理论始终具有预见性。它的拥护者预测到日常生活和个人体验的转变。法兰克福学派不仅对维护既定秩序的历史观

图1　20世纪60年代学生运动中的激进知识分子深受批判理论和法兰克福学派的影响

提出疑问，而且提出一种激进的替代选择。欧洲激进人士将其思想运用于家庭、性和教育的重构之中。他们试图带来一种新的没有暴行和竞争的乌托邦感受。但法兰克福学派围绕20世纪60年代的运动产生了分歧。阿多诺和霍克海默是持怀疑态度的。他们质疑反文化和对传统的攻击、零星的暴力和反智主义以及激进活动家应该给予民主的敌人的安慰。他们将20世纪60年代的群众运动与两次世界大战之间的群众运动联系起来，也将乌托邦思想与极权主义联系在一起。

真正的反抗此时似乎需要强调批判传统内在的否定要素。

尤其是，阿多诺提出，问题不再仅仅是拒绝将自由同任何制度或总体联系起来，而是界定个体与社会之间的"非同一性"（并侧重其紧张关系）。对有组织反抗和制度政治的关注半途而废，取而代之的是一种审美-哲学式的批判，就霍克海默而言是准宗教式的"对全然的他者的渴望"。法兰克福学派依旧采用承袭于黑格尔和马克思的方法。其政治上最保守的成员依然认为主体性受困于其抵制的东西：商品形态、大众文化以及官僚社会。但他们对普遍性主张、哲学基础和固化的叙述方式提出了新的怀疑。

"否定辩证法"预见到许多与后现代主义和后结构主义有关的问题。事实上，它们如今甚至经常被视作批判理论的表达。解构主义或后结构主义方法涌入最具声望的刊物以及从人类学、电影到宗教学、语言学、政治学等多个学科。它们带来了有关种族、性别和后殖民世界的新见解。然而在此过程中，批判理论失去了对社会做出综合性批判、对一种有意义的政治学进行概念化以及提出新的解放理想的能力。文本解释、文化执着以及形而上学争论越发使批判理论成为其自身成就的牺牲品。结果是一场持续的认同危机。

如今，批判理论家必须回顾过去以便向前发展。法兰克福学派丰富了我们关于家庭、性压抑、教育学、种族灭绝、娱乐、文学分析以及众多其他问题的理解。对于经济、国家、公共领域、法律和全球生活中显著的权力失衡，批判理论也有一些能带来教益的东西。即便那些对启蒙运动批判性最强的思想家，也为启蒙运动的合理辩护提供了重要依据。自由主义和社会主义也是如此。阐明压迫的环境、开辟反抗途径以及重塑解放理想，依然属于批判理论的范畴。要使一个新的全球社会中的变革前景更为突出，就需要新的**政治**视角。如今的问题是对批判理论的既定形态采用批判方法。这是顺理成章的。只有通过这一方式，才可能对批判事业最初的精神保持忠诚。

第一章

法兰克福学派

社会研究所创立于 1923 年。这个最早的马克思主义思想库从一个力争解决俄国革命后工人运动面临的实际问题的马克思主义研究小组成长起来，得到了赫尔曼·韦尔的资助。他是一位见多识广的商人，在阿根廷谷物市场上大发其财。这笔资金是在他的儿子费利克斯的敦促下给出的，后者自认为是"客厅里的布尔什维克"。

费利克斯·韦尔的密友包括库尔特·阿尔伯特·格拉赫。作为社会民主主义者和经济学家，他本可以成为研究所的首任所长。然而，格拉赫不幸死于糖尿病。卡尔·格吕堡于是代之接管。他创办了研究所的第一份正式出版物《社会主义和工人运动史文库》，其中发表了许多重要作品，包括柯尔施的《马克思主义和哲学》（1923 年）。加入格吕堡行列的有亨利克·格罗斯曼、弗里德里希·波洛克、弗里茨·斯特恩伯格和卡尔·奥古斯特·魏特夫。他们都是共产主义者。他们依然怀念 1918—1921 年间的民主工人委员会，也设想建立一个德意志苏维埃共和国。他们的思想工作提供了有关资本主义的崩溃、国家的新角色以及帝国主义的大量不同观点。但这个群体随后消失在幕后, 研究所的总体方向也在1930年发生转变。就在这一年, 马克斯·霍克海默组成新的核心集体, 作为法兰克福学派逐渐为人所知。

核心集体

霍克海默出生在斯图加特附近一个富有的犹太商人家庭。他在早年求学时期并无过人之处, 于是离开高中, 在父亲的纺织厂做学徒。然而, 在1911年, 他结识了弗里德里希·波洛克, 波洛克将他引入哲学和社会科学, 并成为他一生的朋友。霍克海默在一战后完成了高中学业。他浅尝共产主义, 在法兰克福大学期

图2 法兰克福学派的三位领军人物: 马克斯·霍克海默 (左)、西奥多·W.阿多诺 (右) 和于尔根·哈贝马斯 (后)。这是他们唯一的一张合照

间学习了众多科目，最终写成一篇关于康德《判断力批判》（1790年）的学位论文。

霍克海默在担任所长之前很少发表作品。这在希特勒1933年胜选后发生了变化，他当时正忙着将研究所从法兰克福迁往日内瓦，随后搬到巴黎，最后迁址于纽约市的哥伦比亚大学。他在20世纪30年代的文章致力于将批判理论与其哲学上的竞争对手区分开来，同时阐明自由资本主义如何通过建立极权主义的心理、种族和政治基础背叛了它的初衷。其他讨论大众文化、工具理性和威权国家的作品为阿多诺和霍克海默的经典著作《启蒙辩证法》（1947年）铺平了道路。霍克海默的想法在数年间无疑发生了变化。然而，他始终专注于苦难的影响和个人经验的解放的可能性。

霍克海默也一直是跨学科研究的拥护者。在他的领导下，法兰克福学派试图弥合规范性理论与经验性工作之间的鸿沟。他在1930年的就职演讲强调了这一目标，甚至在流亡期间，霍克海默还为美国犹太人委员会编辑了一部多卷本跨学科研究课题，即"偏见研究"丛书。它包括保罗·马辛出色分析德意志帝国反犹主义社会根源的《破坏的彩排》（1949年）；利奥·洛文塔尔和诺伯特·古特曼的《骗人的先知们：美国煽动者的手法研究》（1950年）以及西奥多·W.阿多诺和一众研究者的经典著作《权威人格》（1950年）。

俄国革命和德国1919年斯巴达克团反叛点燃了霍克海默对于激进主义的热情。但斯大林的清洗和恐怖机器的出现造成了严重的后果。霍克海默最终不仅与共产主义决裂，也与马克思主义分道扬镳。甚至在将研究所迁回德国并于1951—1953年担任法兰克福大学校长之前，他在政治上便已经转向右翼。霍克海默最终反对阿尔及利亚的反帝国主义斗争，支持越南战争，并且斥责1968年的抗争。

这一时期，他对于否定苦难的关注发生新的转变。通过回顾禁止描绘神性的《旧约》，他开始相信，此时或许只有通过对现实的全盘否定和对解放的渴望，才能保存反抗观念。神圣性——或者更进一步说是超脱尘俗——成为对抗世俗的优势。他将对启蒙运动的批判推向极致。朋友们注意到他对天主教兴趣渐增。理论与实践之间的所有联系都被斩断。当马克斯·霍克海默在78岁离世时，批判理论已然岌岌可危。

埃里希·弗洛姆在早期便是霍克海默的一位密友。弗洛姆的专长是心理学，但他也深谙神学问题。事实上，他与第一任妻子弗里达·赖希曼在柏林建立的精神分析研究所就被称为"摩西五经治疗所"。弗洛姆是一位多产的作家并且在思想上勇往直前：他是将西格蒙德·弗洛伊德的思想与马克思的思想联系起来的先驱之一。然而，弗洛姆如今没有得到足够的重视。他留名于世通常是由于他那些更具学术性的批评家眼中的"如何"书，如《爱的艺术》（1956年，为大众文化表现爱的方式提供了一种负责任的替代选择）；"乐观"书，如《人心》（1964年，抗衡对西方文化的愤世嫉俗的攻击）；以及所谓的关于国际事务的粗浅研究，如《人性会占优势吗》（1961年，明智地呼吁禁止核武器并缓和冷战思维）。弗洛姆的《逃避自由》（1941年）因对极权主义的透彻分析而被人们铭记。但他在《人类的破坏性剖析》（1973年）中所作的重要研究却被不公平地遗忘了。

弗洛姆在一个正统的犹太家庭中长大，从孩提时期便受教于博学的拉比，如尼赫迈亚·诺贝尔，尤其是萨曼·巴鲁克·拉宾科。他的学位论文是《犹太律法：犹太离散社群的社会学研究》（1922年），讨论宗教主题的最早作品包括《安息日》（1927年）以及带有马克思主义转向的《基督的教义》（1930年）。尽管他在20世纪20年代接受了无神论，但对于宗教提供的心理诉求和道德冲动的兴趣从未完全消失，他在《像上帝一样存在》（1967年）中对《旧约》做出的人文主义的新诠释则引起了公众的共鸣。弗洛姆发展"唯物主义心理学"的尝试折射出批判理论对全面社会转型的最初承诺。对精神分析的实践性的强调，以及与反抗压迫和促进人文主义价值观的联系，成为他职业生涯的标志。

弗洛姆于1962年协助创办了墨西哥精神分析协会，并成为拉美精神分析学发展历程中最具影响力的人物之一。弗洛姆坚决反对越战和美国的帝国主义，支持无数进步事业，提倡一种非官僚主义的参与式"社群社会主义"。他无疑也是法兰克福学派中最有文采和最清醒的作家。弗洛姆最终在1940年同研究所决裂。核心集体中的其他成员显然艳羡他的名气，尽管也与他存在合理的政治和哲学分歧。直至人生的最后阶段，他与研究所昔日的任何一位伙伴几乎都没有联系。然而，如同法兰克福学派的任何一位成员，埃里希·弗洛姆一直忠于批判理论的具体环节、人文精神和变革目标。

他的唯一一位真正的竞争对手是对新左派产生思想影响的赫伯特·马尔库塞。马尔库塞的政治履历可以回溯至青年时代参与1918—1919年的斯巴达克团反叛,1941年至20世纪50年代他供职于战略情报局,在制定美国对西欧的政策中发挥了重要并且具有进步性的作用。他早期的文章试图将历史唯物主义与"历史性"或个人可借以体验社会现实的现象结构衔接起来。类似的关注贯穿于《黑格尔的本体论与历史性理论》(1932年)之中,该书为黑格尔在欧洲的日渐复兴做出了贡献,而《理性与革命》(1941年)对这位伟大思想家同批判理论的关系提供了一种影响深远的解释。马尔库塞也撰写出版了一些出色的论文集。他始终了解艺术展现出的乌托邦潜力,但依旧关注实际的反抗形式,设想脱离既定秩序。不过,他这些理论上的冒险得到了各类社会学和政治学研究的补充。

1933年加入社会研究所之后,马尔库塞对自由主义国家、垄断资本主义与法西斯主义的关系以及共产主义的低潮提出了疑问。他后来的著作预见了向发达工业社会的异化做出回应的新的社会运动。他对1968年的变革前景保持乐观,也想象到随之而来的保守派的反应。幸福意识、压抑性的去崇高化以及大拒绝等概念都是由他传播开来的。他的代表作《单向度的人》(1964年)真正意义上将批判理论带到美国,通过它的引文将许多年轻的知识分子引入法兰克福学派。马尔库塞始终认为自己是在历史唯物主义的传统中做研究的。但他在方法上是灵活的,并且是文化转型的预言家。赫伯特·马尔库塞向美国以及世界许多地区的一代青年激进人士展示了批判理论激进的政治要素。

相形之下，瓦尔特·本雅明在美国一直不为人知，直至杰出的政治理论家汉娜·阿伦特在《纽约客》发表了一份对他的介绍并将他的一批高质量的文章编辑为论文集《启迪》（1969年）。在此之后，本雅明作为才华出众且洞若观火的独特的思想家开始受到敬仰。他的另外一部文选《沉思》（1986年）强化了这种评价。本雅明的著作包括最初于20世纪30年代作为一系列报刊文章出现的亲切的自传体作品《单行道》（1928年）和《1900年前后柏林的童年》（1950年）、题为《德国悲剧的起源》（1928年）的有关巴洛克艺术的抽象研究以及拥有几千处引文并为理解现代性提供了一座真正的镜廊的未完稿《拱廊计划》（1982年）。20世纪70年代晚期，随着后现代主义和其他形式的哲学主观主义在美国得到新的普及，本雅明的名望迅速达到史无前例的高度：研究论著大量涌现出来，他的《作品选》的每一卷几乎都成为学术畅销书。

本雅明来自一个富裕的犹太家庭，是家中两个男孩之中的一个。他生于柏林，1919年在伯尔尼大学获得博士学位，随后成为流浪作家，从未有过一份稳定的工作。这给人一种感觉，即本雅明是梦想家的化身——这个不切实际的人有着使他超脱尘世的想象力。其作品的标志是专注于语言的可替换性、记忆的本质以及日常生活中看似平凡的经历，如吃饭、讲故事和藏书。本雅明相信，所有这一切都突显了更为广泛的社会趋势。他那些明确属于政治范畴的著作并无创见，以1926—1927年的莫斯科日记为例，它们对他所处时代的重大事件几乎没有提出深刻见解。但当他研究夏尔·波德莱尔的诗作、J. W. 冯·歌德的《有选择的亲和性》或弗兰兹·卡夫卡和马塞尔·普鲁斯特的小说时，情况就不一样了。本雅明关于建筑、摄影、浪漫主义以及翻译的文章同样如此。他那些探讨现代性对于个人体验和日常生活的审美影响的文章，很是吸引人并具有煽动性。

受童年时期的朋友、日后成为犹太神秘主义传奇学者的格肖姆·肖勒姆以及马克思主义剧作家贝尔托特·布莱希特的影响，本雅明试图将弥赛亚思想与对历史唯物主义日渐浓厚的兴趣融合起来。他反对科学社会主义的决定论，忽视其将无阶级社会转变为不可企及的理想，他所关注的是唤回现实的形而上学经验，并最终唤回未实现的乌托邦式的历史可能性。这一事业因无法阐明解放的障碍以及根植在他的总体思想中的不一致性和互相排斥的假设而受到干扰。但毫无疑问，瓦尔特·本雅明继续启迪、挫败并教导着尤其是年轻的不受陈规约束的激进知识分子。他的著作在遍布"废墟"的年代唤起了流亡，而他在1940年试图逃离纳粹对法国的入侵时悲惨的自杀给他的人生打下了尤为戏剧化的烙印。

瓦尔特·本雅明仅有的一名学生西奥多·W.阿多诺体现了法兰克福学派的跨学科理想和欧洲知识分子的形象。他似乎无所不知——而且比所有人都更清楚。阿多诺同样出生于一个资产阶级家庭，父亲是犹太人，母亲是意大利人。他于1924年获得博士学位。作为曾经受教于伟大作曲家阿尔班·贝尔格并深受阿诺尔德·勋伯格影响的音乐学家，阿多诺在20世纪20年代和30年代编辑过一本音乐杂志，后来为托马斯·曼《浮士德博士》（1947年）的音乐理论章节提出过建议。继经典著作《新音乐的哲学》（1949年）之后，他还对路德维希·凡·贝多芬、理查德·瓦格纳以及古斯塔夫·马勒等伟大作曲家进行了阐释。

阿多诺也是一位敏锐的文学兼诗歌评论家，并且可以说拥有那个时代最耀眼的哲学头脑。他专注于否定辩证法概念，深刻怀疑所有体系和对于叙事的传统理解，决心阐明文明固有的缺陷性，并拒绝任何将个体与总体联系起来的尝试。

阿多诺将这些主题编织到自己包罗万象的哲学叙事之中。但他也从事实证研究。阿多诺关于广播电视的研究阐明了公认的简单娱乐的意识形态影响，对其关于现代社会的权威和顺从趋势的研究做出了补充。他还是撰写论文的真正高手。他的《论流行音乐》（1932年）揭示了商品形态对体裁的影响，而他对贝克特、卡夫卡和普鲁斯特的深刻且新颖的诠释表明了他对经验的反思性理解的更广泛关注。

阿多诺不时论及政治问题，但他始终畏惧群众运动。否定本身就具有价值，他将反抗等同于维持个体和社会之间的"非同一性"。在当代对批判理论的理解方面，阿多诺的影响是无与伦比的。没有哪位思想家能更好地展示对自由之光的坚定信奉。

于尔根·哈贝马斯也有必要稍作提及。霍克海默和阿多诺的这位最杰出的学生成为法兰克福学派所有思想家中最多产的一位。他的著作涉及社会生活的所有方面，包括宗教，而他的论文从对哲学典籍的阐释延伸到对当代问题的评论。如果说他的早期作品曾对批判理论做出过重要贡献，那么他的思想路径最终却将他引向新的方向。

法兰克福学派其他成员未曾有过的纳粹主义之下的成长经历，使哈贝马斯对法治和自由民主深信不疑。他对话语操纵和"未失真的沟通"的重要性的关注，也带有这种特征。这些主题贯穿在他的所有论著之中。作为20世纪60年代学生运动中的重要人物，尽管从未参加任何极端主义派别，他早期的作品还是提供了关于历史唯物主义、制度合法性以及理论与实践关系的批判性思考。相比之下，哈贝马斯随后的作品越来越多地陷入分析哲学。它们坚持要求有根据的主张、形成系统论证并提供关于自然和科学本体论特征的描述。一项持续的争论是，它们在多大程度上远离了批判理论。事实上，要做出这个判断，就需要考察使最初的事业充满生机的那些动力。

结语

法兰克福学派的特点在于多样性的统一。核心集体的每一位成员都与众不同。每位成员都有其特殊的兴趣以及独特的思想优势和缺陷。但他们都专注于同一组主题和问题。核心集体中的成员都未曾将自由与任何体制、集体或传统联系起来——他们也都对拥护既定秩序的思维模式表示怀疑。他们都试图通过引入新范畴去解决新问题。他们手中的批判理论以思想上的大胆和实验性为标志。首先，对于他们而言，批判理论始终是个方法问题。霍克海默说得很清楚，他写道："批判理论在其概念的形成和发展的各个阶段都非常自觉地使人类活动的理性组织成为其关注点，其任务是加以阐释并使其获得正当性。因为该理论不仅关注既定生活方式所强加的目标，也关注人及其全部潜能。"

第二章

方法问题

　　批判理论在1937年才作为一个术语被提出来。法兰克福学派当时正流亡于美国。其成员担心来自新家园的政治排斥，同时设法对研究所加以保护，便采用这一术语作为掩护。批判理论毕竟是在西方马克思主义的框架内产生的。研究所的代表人物包括格奥尔格·卢卡奇和卡尔·柯尔施等共产主义者——他们从一开始就加入了研究所。恩斯特·布洛赫也显著地融入了这一传统。1917年布尔什维克取得政权，连同1918—1923年欧洲激进起义带来的鼓舞使他们获得了启发。

　　这些激进知识分子支持工人阶级采取直接行动，对议会改革主义表示怀疑，强调意识形态在维护资本主义中扮演的角色，也强调阶级意识对于推翻资本主义的决定性作用。他们突出了哲学唯心主义为历史唯物主义留下的遗产，以及黑格尔和马克思之间的关联。西方马克思主义者无须谈论文本正统或历史唯物主义的固有性质。卢卡奇在其巨著《历史与阶级意识》（1923年）中简明扼要地阐述了这一问题，为后来对于批判理论的全部理解奠定了基础：

为了方便讨论，我们不妨假定近期的研究根本不同意马克思的每一个个别的论点。即使这一点得到了证明，每一位严肃的"正统"马克思主义者仍然可以毫无保留地接受所有这类新结论……正统马克思主义不意味着不加批判地接受马克思的研究结论。它不是对这个或那个论点的"信仰"，也不是对某本"圣"书的注解。相反，正统仅仅是指方法。[1]

卢卡奇在一战之前已经是匈牙利文化现代主义的杰出人物。他很快就成为共产主义运动中或许是最杰出的知识分子。《历史与阶级意识》是西方马克思主义影响深远的作品，它启迪了批判传统中的几乎每一位主要思想家。不过，很容易理解卢卡奇、柯尔施以及其他西方马克思主义者为何在1924年共产国际第五次代表大会上遭到指责。他们的著作折射出革命的英雄岁月：其工人协会、文化实验以及救世主式的期望。他们也将对社会的研究与对自然的任何探索截然分开，由此削弱了社会主义的科学版本的必然性。事实上，卢卡奇喜欢引用詹巴蒂斯塔·维科（1668—1744年）提出的"历史与自然的区别在于人类创造了其中之一，但没有创造另外一个"。西方马克思主义以其乌托邦憧憬、对待既定哲学体系的批判态度以及坚决主张赋权于无产阶级，体现出布洛赫所谓的"地下革命史"。

人类解放成为它的目标。批判方法决心以一切形式反抗"霸

---

[1] 译文参考［匈牙利］卢卡奇：《历史与阶级意识——关于马克思主义辩证法的研究》，杜章智、任立、燕宏远译，商务印书馆1996年版，第47—48页。

权"——这里借用因安东尼奥·葛兰西的《狱中札记》（在他离世后，于1971年出版）而闻名的术语。葛兰西是意大利共产党创始成员之一，随后在贝尼托·墨索里尼手下遭受折磨并在监狱中离世，他并没有对法兰克福学派产生重要影响，但他的作品使西方马克思主义尤为引人注目。

他从根本上关注公民社会、其非经济组织及其指导思想，强调主流文化如何造成被统治者的顺从习惯。他坚持认为，要向工人阶级赋予权力，就需要一种反霸权策略，并通过新的公民组织加强其自治能力。这样一种策略需要的组织并不仅仅来自上层，或通过某种从民众当中分离出来的固化的先锋政党，而是通过辩证地与无产阶级联系在一起的有机知识分子的实践工作。

这是西方马克思主义者共同的基本观点。他们都是激进人士。他们也都将历史唯物主义解释为一种实践理论，它不应是描述性的，而应是禁止性的。他们的目的是澄清变革行动不断变化的条件和前提。这一观点致使马克思主义机械式地将思想和范畴从一个时期延续到另一个时期变得不再合理。或者，换个说法，他们使历史唯物主义呈现出历史性。

卡尔·柯尔施在《马克思主义和哲学》中对这一观点做出了重要贡献。他显然是西方马克思主义最不知名的代表，更多地将意识形态解释为影响行为的生活体验而不是对于经济的某种反应。将权力赋予被剥削者有赖于觉悟、教育以及实践经验。俄国革命使柯尔施走向激进，他也受到苏维埃和工人协会运动自发高涨的启发，在其小册子《什么是社会主义化？》（1919年）中为激进的经济民主谱写了蓝图。他于1920年加入德国共产党，1923年无产阶级起义期间在图林根担任司法部长，1926年遭到清洗退出共产国际后，对有组织的流亡极左知识分子产生了重要影响。

《唯物主义历史观》（1929年）是对马克思主义的所有科学理解的冲击，而柯尔施从未放弃他对赋权于无产阶级的必要性的信念。他的最后一部著作《卡尔·马克思》（1938年）是思想传记的杰作。柯尔施坚持认为任何观点都可能出于反动的目的得到解释，他希望使共产主义革命实践遵循其自身的理想，为此强调了"历史特定性"在方法上的重要性。他对待马克思主义并没有不同于任何其他哲学形式。其在任何特定时间的特征和运用都可从历史背景下的组织利益、限制条件以及行动机会方面得到理解。它无法再作为正式信条，也不再是具有先验主张的不可改变的体系。马克思主义也有可能被操纵，乃至被批判。

霍克海默1937年的论文《传统理论与批判理论》就建立在这些观念之上。他没有将新观念视为已经完成的逻辑体系或一系列确定的主张。他致力于阐明自由的那些被忽视的面相，坚持认为现实具有历史性构成特征，对无产阶级的解放使命已经产生怀疑，由此将批判理论设想成主流哲学范式的替代品。其他思想形态尽管自称具有中立性和客观性，却被认为是对既存秩序的肯定。鉴于它们忽视了既存秩序的历史性构成特征以及替代性选择的可能性（无论是有意还是无意），它们被视为对于其运作方式的辩护。

传统理论因此不像其支持者倾向于认为的那样不偏不倚或

具有反思性。哲学话语之中隐藏着社会利益，仅仅是出于这个原因，既有方法就不能简单地束之高阁。为了证明竞争的哲学观的前提如何受到既存秩序的价值观的侵蚀，内在批判是不可或缺的。

霍克海默借其影响深远的论文《唯物主义与形而上学》（1933年）已经在这些方面回应了主流哲学的两大流行类别。实证主义形式的唯物主义及其分支以源于自然科学的范畴和标准分析社会，被指责为无视主体性和道德问题。相反，形而上学被斥为忽略了物质世界的哲学意义并用普遍规则使个人——无论是通过康德所谓的"实践理性"，还是海德格尔理解的现象学——沉溺于最终全凭直觉的道德判断。

两种看似对立的哲学观被霍克海默视为同一枚硬币的正反两面。其中每一种都机械地被其反对的另一种所界定。但它们对哲学基础的全神贯注、用来解释现实的不可改变的范畴以及用来检验经验或真理主张的固化概念，是趋于一致的。可以确定的是，法兰克福学派认为科学理性在两者中贻害更甚。然而，其成员最初对双方都予以了抨击，因为它们都无视批判性思考、历史以及乌托邦想象。

批判理论被作为一种整体性社会理论，它的动力在于对解放的渴望。它的践行者们明白，新的社会条件会为激进的实践带去新观念和新问题，批判方法的性质也会随着解放的实质发生变化。因此，突出实践的背景成为法兰克福学派新的跨学科方法的核心关注点。这反过来导致其成员拒绝传统的事实与价值之间的分离。

批判理论更多地将事实作为社会行动的具体的历史产物加以对待，而较少作为孤立的关于现实的描述。目的是将对于事实的理解置于其获得意义的负载着价值的背景之中。卢卡奇已将总体性范畴或马克思所谓"社会关系的总和"置于历史唯物主义的中心位置。总体性被视为是由不同部分组成的，经济仅仅充当着其中的一个部分，其他部分还包括诸如国家以及自身可以划分为宗教、艺术和哲学的文化领域。每一部分都由总体塑造，每一部分也都被认为具有其独特的动力，并因此被认为影响到试图改变现实的那些**代理人**（如工人阶级）的实践活动。每一部分因此都需要认真对待。

弗洛姆在《精神分析与社会学》（1929年）以及《政治与精神分析》（1930年）中将这一观点作为其出发点。这两篇早期的论文指出了社会对自我构建具有何种影响、心理机制如何影响社会发展以及心理学可以在多大程度上为对非人道状况的政治反抗提供帮助。弗洛姆也试图呈现心态如何调节个人与社会之间的关系。

他最负盛名的作品《逃避自由》分析了资本主义社会的市场特征及其施虐、受虐变体，以此作为对魏玛共和国文化危机的具体回应。这部作品讨论了现代生活的异化冲动，它导致人们渴望完全认同于一位领导者。他的唯物主义心理学于20世纪20年代晚期在《魏玛德国工人阶级》中得到了体现，这项宏大的实证研究论述了传统观念、家族关系以及社会生活对革命的阶级意识的削弱。

批判理论重新引发了对于意识形态及其实际影响的关注。《历史与阶级意识》显示出一种没有意识到的阶级立场如何阻碍了甚至资产阶级思想巨人对于异化与物化的社会原因的讨论。与此同时，柯尔施坚持认为，马克思主义的所有变体都需要与任一特定时间点工人运动的发展联系起来加以看待。法兰克福学派开始分析大众文化、国家、反动的性习俗乃至哲学对于意识的影响。对日常用品如何体现社会特征以及一个时代的文化潮流的强调，很快引起其成员和伙伴的特别关注。批判理论试图实现青年马克思的训令并投入"对现存的一切的无情批判"。其代表人物坚持认为，整体可以从部分来看待，部分也反映着整体。

例如，西格弗里德·克拉考尔的《大众装饰》（1927年）注意到一个被称为蒂勒女郎的舞蹈团（先于无线电城音乐厅火箭女郎），其几何造型和精心编排的动作如何反映出大众社会中观众受到的约束以及个性的丧失。

本雅明和阿多诺的挚友、与法兰克福学派偶有联系的克拉考尔创作的自称为"社会传记"的《雅克·奥芬巴赫和他的时代的巴黎》（1937年）着眼于反法西斯人民阵线，将这位伟大作曲家的音乐置于1832年议会抗争的背景之下。与此同时，他的经典著作《从卡里加利到希特勒》（1947年）阐明了纳粹主题如何日益渗透到魏玛共和国时期的德国电影当中。

另一些思想家也紧随其后。瓦尔特·本雅明的《说故事的人》（1936年）将口述传统的流失和历史经验的岌岌可危与现

图3 蒂勒女郎的舞蹈摆出整齐划一的几何造型,似乎折射出现代社会不断强化的管治与标准化

代社会复制艺术的新的技术可能性联系起来加以讨论。西奥多·W.阿多诺的《抒情诗与社会》(1957年)对通常被认为与外在力量相隔绝的诗歌体裁的意识形态残余进行了新颖的阐释。与此相似,利奥·洛文塔尔认为电影明星日益缺乏个性反映了其文集《文学与大众文化》(1984年)中提出的商品形态日渐加强的力量。他还在《文学与人的形象》(1986年)中透过主要文学人物,对资产阶级心态的产生进行了简明的社会学探讨。

所有这些著作都体现出知识社会学的影响,其领军人物卡尔·曼海姆曾在社会研究所举办研讨会。他的主要作品《意识形态与乌托邦》(1931年)认为,即便最为普遍和最具乌托邦色彩的思维模式都是意识形态的,因为它本身就反映着特定社会群体或阶级的利益。只有"自由浮动的知识分子"才被曼海姆(他深受卢卡奇的影响)视为有能力把握总体性。霍克海默在《哲学的社会功能》(1939年)中对所有这一切进行了讨论。他反对将哲学机械地简化为社会学,然而重要的是,他避免直接面对自由浮动的知识分子这种想法。这才是有意义的。霍克海默对研究所的政治独立引以为豪。他还主张,对于意识形态的批判需要采用思辨的标准,以此判断观念如何表达特定的社会利益。其对文化现象的评判既依据它们如何为既存秩序做出辩护,也根据它们如何对消除剥削和苦痛予以抵制。

我们可以认为,批判理论提供了一种具有变革意图的知识社会学版本。马克思曾将资本主义理解为工人阶级在其中充当财富(或资本)生产者的经济制度。如果只是由于这个原因,无产阶级也就是唯一能够改变这种制度的力量。然而,马克思和恩格斯在《共产党宣言》(1848年)中坚称,只有统治阶级的成员脱离出来并加入被统治者的斗争,革命才有可能实现。只要工人阶级还受困于资本主义,而物质上的苦难阻碍着它的觉醒,资产阶级知识分子就需要为无产阶级提供对于资本主义的系统批判以及关于其革命可能性的意识。列宁吸取了激进的含义。

法兰克福学派在20世纪30年代是同情共产主义的。其成员尚未对技术理性进行直接的批判。他们满足于指出,工具理性的主导地位仅仅是资本主义社会关系的一种表现。然而,随着共产主义转向全体主义,法兰克福学派的幻想破灭了,进而加强了对于物化过程的批判。诱发第二次世界大战的1939年《苏德互不侵犯条约》成为无法承受的最后一击。实践已然背叛了理论。历史唯物主义的目的论主张此时似乎如同唯心主义的道德律令一样失去了价值。社会变革不再是问题所在。全体主义使保存个性成为批判理论关注的中心。

新的动力和反抗形式必不可少。霍克海默早期的格言集《黎明》早已将移情和同情解释为采取行动的具体需求和道德冲动。他的想法与大卫·休谟曾对康德哲学提出的批评是一致的：这位伟大的苏格兰哲学家断言，动物应当受到保护并非由于它们会思考，而是由于它们遭受了苦难。情感体验因此被理解为反抗和解放的源泉。本雅明写到超现实主义凭借其对无意识的力量的倚赖，如何引发了一种革命"陶醉"，回应着令人麻木的"内心贫乏"。

阿多诺对其《最低限度的道德》（1951年）给出的副标题是"残生省思"。爱和自我实现在弗洛姆后期的作品中扮演着更加深刻的角色，马尔库塞最终在《论解放》（1972年）中形成了"新感性"这一思想。法兰克福学派此时正致力于恢复个人生活中被压抑的潜能。

对暴行的蔑视和对正直生活的渴望激发了法兰克福学派的思想活动。它的所有成员不仅对消除社会不公，还对消除苦痛的心理、文化和人类学根源都表现出明确的兴趣。这项事业的思想支持来自众多源头。法兰克福学派大胆地尝试将不同思想家的深刻见解吸收到历史唯物主义的框架当中。其成员要么将希望寄托于弗洛伊德可能支持他们对文明的批判的元心理学，要么寄希望于他在临床工作中形成的真知灼见。此外，法兰克福学派的领军人物如同他们这代人一样，也受到尼采，包括其对主体性的恢复、其"透视"方法、其对现代主义的贡献以及对文化市侩的尖锐批判的启发。这些思想家有助于深化法兰克福学派的哲学观和文化观。他们的观点是否在逻辑上符合某种预设的历史唯物主义体系，被认为是无关紧要的。

事实上，本雅明试图将马克思主义的革命承诺纳入神学术语的框架之中，以对其进行重塑。在他1940年离世前不久撰写的《历史哲学论纲》中，弥赛亚可以随时出现；紧急状态和制约因素在耐人寻味的"此时此刻"（*Jetztzeie*）的可能性之前让位；革命成为一种末日审判式的"朝向广阔历史天空的一跃"。他没有指出这一切如何实现——甚至具体暗示着什么。意象战胜了现实：想象信马由缰。拯救历史被遗忘的瞬间此时成为批判的目标。本雅明将历史设想为"不断堆叠残骸的一整场灾难"。只有站在救世主式的唯物主义立场，这场灾难的碎片才是可以拯救的。

格肖姆·肖勒姆称他的朋友是"被放逐到世俗王国中的神学家"，此话正中要害。本雅明的研究留下的与其说是一种明确的方法，毋宁说是将经验的神学改造同历史唯物主义的革命内核相融合的注定失败的尝试。他经常采用现代主义的技巧，也受到对于主体性的强调的启发，这不仅来自表现主义和超现实主义，也来自浪漫主义和巴洛克风格。他的规劝，即"永不忘记最好的"，同时结合了"打乱历史"的想法。弃置的碎片揭示出对未阐明的状况施以末日拯救的可能,这可能随时发生——或者更有可能永远不会发生。

日常生活成为乌托邦的素材,任何先入为主的计划或一套普遍概念都不足以决定它。乌托邦起源于一种想象意愿,即重塑本雅明所谓的历史"垃圾"——被遗忘的林荫大道的样貌、邮票、儿童文学、进餐、书籍收藏、大麻带来的欢愉、向时钟射击的革命者的记忆。蒙太奇和意识流最适合产生一种"革命陶醉",这种"革命陶醉"导致1789年那些激进的街头战士的确朝头顶上嵌入塔楼的时钟开了枪。现实本着对未来的救赎改变了它的样貌。想象的意愿——原本是神学的——打破了历史的物质限制。每一个时刻都是弥赛亚可能会通过的大门。

问题在于如何最好地开启它。要记住最好的,就需要一种明确的解释学方法,它基于这样一种假设:"寓言之于语言,犹如废墟之于事物。"文明提供的仅仅是乌托邦必须拯救之物的暗示和线索。与保罗·克利的著名画作《新天使》(1920年)相契合,历史天使面朝过去,却被推向未来。本雅明拥有这幅画作并引以为荣。这幅画最终成为左派的象征。本雅明在他的《历史哲学论纲》中以如下方式描述了这位天使:

他的脸朝向过去。在我们发现一连串事件的地方,他看到了一整场灾难,灾难使废墟不停地层层堆叠并将它们抛向他的脚前。天使想要停下来,唤醒死者,并将破碎的修复完整。但一阵风暴正从天堂吹来;风暴卷着他的翅膀,力量大到天使再也无法将它们合拢起来。风暴不可抗拒地将他推向他背对着的未来，他面前的那堆残骸直耸云天。这场风暴就是我们所谓的进步。①

救赎此刻成为乌托邦的钥匙。通过在废墟边搜寻并以残渣碎屑点燃想象，批判唤醒了历史所遗忘的。总体性这时让位于并置的经验事实的"星群"，它阐明了某个特定的主题或概念，观众必须为这个主题或概念提供不断变化的联系和解释。本雅明离世后出版的未完成的《拱廊计划》就表达了这一观点。它尝试交出一部"现代性初史"，通过提供数以千计没有作者评论的引证，呈现出一种超然的叙事，这种叙事由碎片构建起来，并因应读者的渴望来加以塑造。这些引证存在于经验"水平"当中，似乎不受强加的外部范畴的影响，构成了宏大的蒙太奇。如果全面管制的社会通过思想的公式化对其加以规范，那么救赎就无法在简单的叙事形式中找到。只有格言或片段容得下易逝的瞬间，在这瞬间之中，乌托邦的闪现可以被照亮。折中的总体性让位于成为批判理论组织原则的个体构建的星群。

1931年，阿多诺在作为研究所就职演讲的《哲学的现实性》中以其挑战了黑格尔和马克思的总体观。可能形成关于被呈现之物的共识的结构化叙事或统御一切的逻辑，是星群不予提供的。每一位观众都可以在碎片上留下解释性的标记，如同他/她

---

① 译文参考[美国]汉娜·阿伦特编：《启迪：本雅明文选》，张旭东、王斑译，生活·读书·新知三联书店2008年版，第270页。

正在看着一幅拼贴画或超现实主义画作。本雅明的《拱廊计划》使星群更加清晰。他对现代性的解释是对一个看似完整的世界的理性假设的质疑，这个世界实际上是由分裂和混乱主导的。

批判理论改变了关注点：它此时的目标是从个人融入其中的思想沉睡中将他/她唤醒。主体性不再被认为与任何范畴是一致的，也不再被认为能够被任何范畴加以界定。比如，在《本真的行话》（1964年）中，阿多诺强调，甚至存在主义现象学也致使经验标准化，而本体论意义上的结构化直觉——尤其是那种与濒死和死亡有关的直觉——以个体化代替了个体性。将经验从批判思考中分离出去为意识形态创造了空间，也削弱了抵抗阿多诺所谓的"虚假条件的本体论"的能力。本雅明和阿多诺对体系、逻辑和叙事的抨击是有代价的：它摧毁了形成道德和政治判断标准的能力，因而使批判理论有可能陷入相对主义。

在《现代性的哲学话语》（1987年）中，于尔根·哈贝马斯试图解决这些哲学问题。他质疑对于自由浮动的反抗的主体性的强调，坚持认为任何真正的社会批判理论都需要明确的基础。最好依靠语言的结构——或交往行为——为相互性、反思和普遍性奠定基础。但这种形式的批判为拥护既定体制的哲学形式提供了过多的理由。它依然停留在分析性的问题中——这种观点仍然被它应该反对的东西所界定。

马克斯·韦伯是在总体上对批判理论，尤其是对法兰克福学派影响最大的学者之一。他从未撰写过一部充分阐述他的方法的著作，关于其特征的讨论仍在继续。美学和哲学的迷恋在我们所谓的后形而上学时代塑造了批判理论，而韦伯对于以形而上学对待实际问题的合理怀疑成为对这些迷恋的有益纠正。事实上，据说韦伯在晚年说道："方法是所有问题中最无效的……任何事情都不是单靠方法就能实现的。"他是正确的。

法兰克福学派最初自认为表达了一种新的唯物主义形式，它具有批判性思维和想象能力，具有反抗日渐官僚化世界的前景。但越来越不清楚的是，它的思辨性研究想要满足的实际目标是什么。对于反抗的理解日益模糊。似乎实际的利益冲突、真正的权力失衡在由异化和物化界定的总体中正在烟消云散。

第三章

异化和物化

　　1932年，思想界发生了一件非同寻常的大事。这一年，卡尔·马克思的《1844年经济学哲学手稿》终得出版，与之相伴的是研究所《社会研究杂志》上赫伯特·马尔库塞的一篇出色的评论。这部作品集由莫斯科马克思-恩格斯研究所所长大卫·梁赞诺夫从所里夹带出来，鉴于当时的政治气候，他显然是冒着生命危险。这些手稿，连同青年马克思的其他著作，很快就获得了国际声誉。它们在整体上证明了西方马克思主义，特别是格奥尔格·卢卡奇的许多观点。

　　青年马克思的作品显示出一种乌托邦特质。它们优先关注人类苦难的人类学和存在主义因素，而不是单纯经济性的资本主义剥削。异化的根源在于无法把握历史的运行并使其顺从于人类的控制。劳动分工即体现出这种情况。它使工人们日益远离他们生产的产品、一同劳动的同伴以及——最终——他们作为个体的可能性。因此，消灭私有财产本身不是目的，仅仅是取得历史控制权的踏脚石。

　　青年马克思提供了一种末日审判式的视角。自由主义国家中的政治解放服从于解放人类的理想，这是一个没有阶级的生产者的自由联合体。促进个体自主性——或许是革命的资产阶级**特有的**道德目标——被融入对于实现"类存在"这一新的群体性和有机性概念的关注之中。改善匮乏或者说"贫困"的世界中的劳动条件，让位于"向自由王国的飞跃"。异化，同时也包括未言明的物化，此时成为激进行动的靶子。诸如此类的想法改变了关于马克思主义的普遍理解，使共产主义政权甚为窘迫，对于法兰克福学派的启发不亚于1968年的激进知识分子。

苦痛的根源

异化有着漫长的历史。它同乌托邦的联系在《圣经》中有关逐出伊甸园的部分就已出现。失乐园的故事要早于商品交换世界失去目标。《圣经》的寓言不失为人性堕落的佐证，也解释了为什么人们被责罚"要用他们额头的汗水赚取面包"。它还说明了个人之间的信任为何已经丧失，自然缘何以敌人的面目出现，更有趣的是，救赎何以是可能的。团结与和谐遭到放弃。亚当和夏娃展示了自由意志。他们被逐出伊甸园是自讨的——原因是向邪恶屈服。或许不同的选择能带来天堂的重建。普罗米修斯也许曾试图实现这愿望：他成为马克思喜爱的神话人物是有原因的。但邪恶的神祇因普罗米修斯的自大惩罚了他，正如那些试图修建巴别塔的人们也确切无疑地受了罚。

天堂总是与伊甸园联系在一起。伊甸园是确保人与自然有机联系的世界。艺术与科学、财富以及技术可以孕育文明，但如同让-雅克·卢梭在他的《论艺术与科学》（1750年）中提出的著名观点，它们破坏了有机共同体，造成了人与自然之间的对立关系。人为的需求由此被创造出来，腐蚀了正直、淳朴、仁爱、诚实等自然美德。只有彻底重建的社会才可能恢复这些价值观，同时克服人们经受的孤独和无意义感——以及死亡的前景。

从圣奥古斯丁到卢梭等众多思想家，特别是浪漫主义者中卢梭的追随者都探讨过这些主题。对于基本思想最好的表达或许来自弗里德里希·荷尔德林，这位深受后来的批判理论家们敬爱的青年黑格尔的密友在《许佩里翁》（1795年）中写道：

> 你看到的是手艺人，但不是人；思想家，但不是人；牧师，但不是人；主子和奴才，少年和成人，但没有人——这难道不像是在一处战场，手、胳膊和身体肢解得横七竖八，血肉模糊，肝脑涂地吗？①

然而，首先对异化做出系统分析的是 G. W. F. 黑格尔。他认为，异化存在于人类远离其规范性目的而其创造物不受其意识控制的情况之下。世界历史是意识所遭受的耻辱，其目的是重新适应人类无意中创造的东西。把异化植根于意识的结构中，可以看作是将意识与现实隔离开来。但黑格尔对潜藏在客观世界背后的主体力量的认识表达了唯心主义的基本愿望，即疏离的世界应该被转变为人的世界。黑格尔的主要关注点在于社会活动以何种

---

① 译文引自［德国］荷尔德林：《荷尔德林文集》，戴晖译，商务印书馆1999年版，第115页。

方式逃脱意识的方向，以及历史可以说是在人类背后以何种方式发生。

文明整体生而复亡，结果与意图背道而驰，精神生活和政治活动最好的成就都付出了血的代价。黑格尔将历史视为"屠宰台"，尽管人类自由的实现是注定的。这样一个领域可以如此界定：其中的每一个个体依据他/她自身被完全视为一个主体。普遍的互惠最终体现在法治的官僚国家、以所有人自由平等进入的市场为基础的公民社会以及每一个主体都在情感上得到接纳的核心家庭之中。理性推举出这样一个无所不包的互惠领域，因为黑格尔认为，作为理性最高化身的哲学从苏格拉底时代以来便体现出普遍性。

消除异化于是涉及拯救历史的苦难，黑格尔将其称为"绝对精神的骷髅地"。但他并不是乌托邦主义者。实现自由是目的论过程的顶点，在其中，专断地行使权力在一个法治的新国家中遭到否定。在个人依然必须面对其死亡的情况下，即便在"历史的终点"，冲突和生存异化依旧存在。宪政国家只是创造了一个空间，他们在其中终于可以专注于私人的事务而不受外界干涉。但异化和物化仍旧存在于公民社会剥削性的阶级关系之中。

黑格尔的思想仍然停留在国家层面。这不仅仅是由阶级利益导致的。他没能根据异化的根源存在于资本主义生产过程之中来予以讨论，这也有存在主义的成分：将异化的物质性牵扯进来会涉及否定他的全部计划的资产阶级目标。异化因此在试图消除它的哲学中寻找出路。工人协会、无阶级社会以及马克思所谓的"前历史"的终结都未列入议题。即使最伟大的资产阶级哲学家们也无法构想出某些政治制度能够使社会的运转方式服从于创建它的人们。

黑格尔在《精神现象学》（1807年）中指出，每个历史时代的统治者对于阻止这样的意识的产生都有事关存亡的利益和物质上的利益。他们设法通过意识形态和制度手段使他们的奴仆们相信对他们，即他们的主人的依附。这就是黑格尔和青年马克思的出发点。批判方法成了工具，奴仆们——以及广大无产阶级——通过它意识到他们作为特定秩序的生产者的力量，从这种秩序中真正获益的只有统治者。消除异化因此取决于被奴役者，或者更确切地说是工人的觉醒。

青年马克思认为，讨论国家的美德，或者通过含糊其辞的范畴如主仆或贫富实现某种预制的自由观，只会阻碍对于异化根源及其如何持续存在的认识。因此，在《1844年经济学哲学手稿》中，马克思强调"随着对象性的现实在社会中对人说来到处成为人的本质力量的现实，成为属人的现实，因而成为人自己的本质力量的现实，一切对象也对他说来成为他自身的对象化，成为确证和实现他的个性的对象"。①

黑格尔称整体即真理。他认为资产阶级的自由法治国家已经实现了自由。然而，按照马克思的看法，无产阶级对这种臆断提出了异议。这个被剥夺公民权并且遭受剥削的阶级的存在说

---

① 译文引自 [德国] 马克思：《1844年经济学哲学手稿》，刘丕坤译，人民出版社1979年版，第78—79页。

图 4　异化和物化摧毁了主体性,将工人转变为生产成本

明了自由如何被截断。这个阶级在结构上的优势受到了忽视。资产阶级认为,资本主义是建立在利己主义假设之上的,个人是生产活动的主要单位。但这种观点无法形成关于社会现实的构成及其经济生产过程的矛盾的认识。倘若有如马克思从路德维希·费尔巴哈那里学到的,宗教造成人类被其大脑产物所控制的局面,那么在资本主义之下,人类则受到其手造产品的支配。

马克思相信,即使在资产阶级社会日渐富有的时候,工人阶级也会越加贫困。工人阶级在精神上也会日益贫乏。它逐渐成为机器的附庸。对多数人而言,个性、创造性、凝聚力都在遭到削弱。资本主义生产的紧迫任务需要仅仅将其视为生产成本,这种成本必须尽可能保持在最低限度。利润最大化还要求劳动分工,工人阶级中的每一个成员由此同装配线上的其他成员相分离,无法获知其他工作并发展他/她的全部潜能,也不能了解最终生产出来的产品。同样的劳动分工也影响到现代国家。数学公式以超越历史的语言界定营利能力和效率而没有意识到阶级利益的结构性冲突。社会的历史性、可替代性和多变性因此遭到剥夺。

异化界定了这样一种总体性,其永存建立在将人转变为物,或者说物化的基础之上。资本主义日益剥离掉人的人性。它将参与商品生产的真正的主体(无产阶级)当作对象,而将生产活动的真正的对象(资本)转变为现代生活虚构的主体。扭转这个"颠倒的世界"——马克思从黑格尔那里借用的一个观点——或许只能依靠消除《资本论》中提出的"商品拜物教"。或者换种说法,消除异化要求消除物化。这需要意识到将要改变的是什么。世界必须得到新的思考。

青年马克思增加了革命的风险。即使资本主义不断取得成果,激进行动还是将人的苦难作为靶子。官僚主义、金钱和工具性思维具有人类学根源,即便新的生产过程强化了它们的主导地位。卑贱之人自古以来遭到工具式的对待。商品形态和官僚主义可以追溯到古罗马的股票交易和罗马天主教会的等级制度。其弦外之音显而易见。工人们不可能持续满足于要求自由民主制度、社会改革以及严格计算经济利益。无产阶级必须立即认识到其自身乃是历史行动的主体——而不单是外力的对象——其目标是消除异化和阶级社会。

青年马克思已经勾勒出这样的愿景。然而,在1932年前其作品尚未出名的情况下,对卢卡奇以及随后其他批判理论家阐述(即便不是解决!)异化与物化问题产生重要影响的乃是马克斯·韦伯。作为创作出经典著作《新教伦理与资本主义精神》(1905年)的饱受折磨的学者,以及同情民族主义和帝国主义的自由主义者,韦伯著名的演说《学术作为志业》(1918年)构想了一个启蒙运动的希望正在"不可挽回地消失",且社会日益被"没有灵魂的专家"和"没有心肠的肉欲享乐者"主宰的世界。工具理性采用了一种以数学方式定义的效率概念,此概念的前提是把所有任务都变成例行公事。现代生活日益将使用专门知识并在分层指挥系统中严格限定职责范围置于首位。把握全局的能力将消失;德国人所谓的纪律白痴会取代智者;道德标准将降格到科学和政治生活之外的领域。韦伯将未来想象成官僚主义的铁笼——即使他从未明确地使用这个经常与他关联在一起的用语——它更加确定地导致真正的主体性的边缘化。

启示与形而上学

青年布洛赫和卢卡奇时常出入韦伯在海德堡的著名沙龙,在此结识了埃米尔·拉斯克、海因里希·李凯尔特和格奥尔格·齐美尔。他们都关注异化的现代社会结构以及物化可能引发的后果。韦伯及其圈子的影响明显体现在布洛赫《乌托邦精神》第一版(1918年)和卢卡奇写于1915年并于1920年出版的《小说理论》中。实际上,布洛赫喜欢说他撰写了一半,而卢卡奇撰写了另一半。两部作品都体现了卢卡奇随后提出的"浪漫的反资本主义"。

这一用语意在指明与资本主义的一次重要邂逅,对于其实际运转方式的不解带来的要么是启示般的憧憬,要么是回归自身。这是由于浪漫主义的反资本主义倾向于调和左翼政治学和右翼认识论。《乌托邦精神》和《小说理论》无疑就是这种情况。但它们仍然是具有深远影响的作品。

对于批判理论而言,对现代生活的异化的思考、天启般的感觉以及严苛的现代性批判,构成了他们的思想遗产。他们每个人都强调生活日渐支离破碎,人际关系也正在瓦解。每个人都期待着一种基于寻求真实经验的(或者更恰当地说是其丧失)新的团结形式以及一种天启般的感觉。每个人都提供了一种新的历史哲学,对实证主义和科学迷恋提出了质疑。每个人也都倡导一种审美-哲学观和一种陷入野蛮的西方世界的新开端。

卢卡奇在他的小册子《列宁》(1924年)中强调，这位布尔什维克领导者以献身于"革命实际"而著称。列宁的《怎么办？》(1902年)所支持的理念是由赤诚的政界知识分子组成先锋政党使革命理想抵挡住改良主义的诱惑。1914年，他独自倡导将国家之间的战争转变为国际性阶级斗争。1917年，列宁提出了"一切权力归苏维埃"的革命口号，他的《国家与革命》(1918年)构想了一个共产主义国家，按照这个词的真正意义，它不再是一个国家。列宁的布尔什维克似乎引领了一阵"东风"，注定要席卷腐朽的文明。他在组织上的设想似乎是某种政治主张的重要部分，在这种主张中一切仿佛皆有可能。无产阶级——或者更确切地说是先锋政党领导下的无产阶级——大概正是新的历史主-客体。

《历史与阶级意识》表达了对于伴随俄国革命而来的复兴与革新的渴望。柯尔施以及葛兰西的作品也不例外，尽管他们没有形而上学工具和启示录式的语言。他们都描绘了一幅获得解放的世界的愿景，它产生于俄国革命以及随之而来的1918年至1923年间的欧洲起义。相比于笼罩着工人协会参与式民主的戏剧性、金钱和等级的消除以及具有乌托邦意味的多种文化实验，自由共和主义黯然失色。无论真正的无产阶级的经验意识如何，只有共产主义先锋被认为尚能终结异化的世界。

然而，《历史与阶级意识》1923年甫一出版即成为激烈批判的对象。将无产阶级（或者更确切地说是共产党）视为历史的主-客体被认为是唯心主义，而不是马克思主义的乌托邦式的产物。普遍的看法是卢卡奇夸大了意识对于经济恶化的作用，他的作品也没有讨论具体目标以及行动受到的制度限制。但是，随着马克思《1844年经济学哲学手稿》的出版，卢卡奇的许多观点获得了迟来的辩护。共产国际尤为窘迫，因为在1924年其领导者已经迫使卢卡奇宣布与其杰作决裂。青年马克思的作品恢复了人们对多数知识分子往往认为是僵化顽固的政治意识形态的兴趣。

但异化借由埃里希·弗洛姆的《逃避自由》成为名副其实的流行概念。第二次世界大战于1939年爆发后，纳粹主义成为自由和进步知识分子的头号敌人。弗洛姆揭示出与魏玛共和国资本主义相关的"市场特征"以自我为中心的贪婪品性，如何被新的法西斯政权转变为建立在明确消除自主性基础上的"施-受虐人格"。能够抵制新政权宣传手段的所有公共机构——大众媒体、学校、教会乃至家庭——的破坏导致个体的完全孤立或原子化。

这种极端异化不堪一击。由此形成对于权威（即元首）的认同，致使个人充满仇恨却一心逃避道德责任。社会和心理影响的独特汇合导致了奇特的权威人格结构。

马克斯·霍克海默采用了一种更加统御一切的路径。他的论文《权威主义国家》（1940年）分析了现代自由主义和法西斯主义的混合。它们都有赖于官僚式管控、等级与恭顺、宣传与大众文化、分工与机械化劳动。个体同劳动产品、其他工人以及更为广泛、更为包容的个性观念相背离。总体在所有地方都从视野中消失了，个体不过是机器上的一个齿轮，物化乃是常态。政体类型之间的差异或许依然存在,但最终,形式就是内容。事实上,随着曾经与无产阶级联系在一起的目的论希望的落空,抵抗失去了其政治指向。权威主义国家使人们对构建实践理论的能力产生了疑问。

异化和物化因此日益被视为心理和哲学问题,首先需要心理学和哲学解决办法。比如,于尔根·哈贝马斯在《知识与人类的旨趣》(1971年)中假定了一种基于"未失真的沟通"的"理想的言语情境"。这种理想情境在面对面的精神分析中具体起来,在此,分析师与来访者不受外部或物质旨趣的妨碍,决心找出任何特定神经症或异常状态的真正源头。传统哲学形式如实证主义和现象学中缺乏的"可普遍化的旨趣"由此产生。

批判此时获得了确实的基础。其与话语操纵的对抗是从"解放性"基础开始进行的。这具有某些实践意义。激进人士之间的相互理解变得至关重要,每个人也都必须证明对他/她的目标和策略进行了自我批评。毕竟在原则上,未失真的沟通是一切形式的协商民主的基础。以往对于现实的历史构成的关注,此时也可以作为技术问题加以对待。哈贝马斯表明了他的立场:"在自我反思的力量中,知识与旨趣合二为一。"[①]

然而,这种新的心理-哲学路径的论证和定义问题很快便出现了。理想的言语情境是否仅仅是社会行动在方法上的起点,还是具有自身规则的固定的哲学范畴?是就社会批判理论来理解

---

① 译文参考[德国] J.哈贝马斯:《知识与人类的旨趣:一个普遍的视角》,载《世界哲学》,方环非译,2015年第2期,第45页。

未失真的沟通，还是将其理解为拥有自身规则的语言哲学新变体的基础？哈贝马斯做出了"语言学转向"。

批判理论因此开始向分析哲学迈出第一步。哈贝马斯的另一部经典著作《交往行为理论》（1981年）诚然还是警告道，工具理性和晚期资本主义的制度力量对个人的生活世界构成了威胁。与历史相隔绝的交往行为及其语言规则成为反抗的工具。但参与反抗的动力完全是另外一个问题。在不涉及生产过程或政治组织的情况下，对于承认和认同的新的关注变成首要问题。然而，这类需求经常产生冲突。哈贝马斯的弟子阿克塞尔·霍耐特试图通过强调个人的"关怀"能力处理源于异化和物化的这类冲突。

鉴于关怀涉及承认他人并限制更加麻木不仁的利己主义，移情占据了中心位置。异化和物化此时被作为哲学和经验问题，需要以哲学为基础的经验回应。道德规范又一次同政治生活的现实割裂开来。制度性权力失衡、团体利益的结构性冲突以及资本主义积累的急切需要淡出了视野。具体说明关怀等问题的限制条件，或者应对异化和物化的适当的行为方式，成为次要问题。对于形成任何有意义的团结——和反抗——概念，其削弱性影响不言而喻。

然而，公平地说，法兰克福学派核心集体的多数成员都认为，（从既存体制内部）为异化和物化开出药方在最好的情况下也是无效的，在最坏的情况下更是原则上的妥协。无产阶级一失去革命根基，悲观主义便在核心集体中弥漫开来。马尔库塞在《哲学与批判理论》(1937年)中已经指出，基于实现自由王国这一前景的黑格尔和马克思的辩证法受到了阻碍，激进变革不再列入议程。

官僚制的铁笼似乎导致了"个人的终结"。这是霍克海默在《理性之蚀》(1940年)中描述的景象。资本主义不再产生掘墓人，极权主义影响着政治光谱的两极：霍克海默直言不讳地宣称"两极相遇了"。关于社会主义和历史演进的传统设想因此需要修正。官僚社会的整合性力量、有组织的反对力量的无能为力、进步的倒退性以及培养自主性的需求——重中之重——都需要一个新的框架进行讨论。如果革命不能再等同于解放，那么反抗必须改变其性质。这终将涉及直面文明、进步以及启蒙。

回望过去

批判理论家们在《1844年经济学哲学手稿》中看到了对于结束人类"前历史"压迫的新的重视。社会主义此时被视为对待人的方式，而不是一套固定的制度和政策。青年马克思似乎表现出乌托邦倾向，也呈现了从利己、暴行和异化中解放出来的新人的图景。反抗资本主义的革命如今转变为某种旨在改变人类境况的东西。批判家们认为此时不可能预见革命成功会带来什么。然而，理解革命的失败会更为容易。新发现的青年马克思的著作对于挑战有关社会主义的灰暗、单调理解起到了重要作用。

埃里希·弗洛姆的《马克思论人》(1961年)开始受到广泛的

欢迎,并且启迪了一代美国激进人士。然而,即便在这之前,弗洛姆也一直关注异化现象。他关于宗教与心理学的著作便说明了这一点。资本主义将遭到反对不仅仅因为它在物质上是剥削性的,而且由于其非人的市场力量体系要求个人将彼此作为潜在的竞争对手和达到目的的手段。问题对他来说不仅仅是人类已经无法掌控的机械化社会,而且是它促成的内在被动和精神迟钝。因此,他的批判社会心理学的前提是阐明并肯定反资本主义价值观以及个体发展的进步的可能性。这是将社会主义重新塑造为一种人文主义,同时淡化狭隘的阶级问题和革命的重要尝试的基础。

然而,亨利·帕赫特曾告诉我,他在1932年阅读《1844年经济学哲学手稿》时的第一反应是"此乃马克思主义的结局"。他是一位社会主义活动家和政治史学家,也同法兰克福学派有所联系。帕赫特的这类观点如今听起来很奇怪,但在20世纪30年代的环境下是有道理的。马克思主义依然被理解为具有科学基础和目的论保证的面面俱到的哲学体系。共产主义运动笼罩着一道光环,社会民主主义似乎依然代表着对于政治独裁和社会不公的唯一的真正反抗。社会主义运动和共产主义运动对于实现乌托邦的意愿,不如实现主要产业国有化和市场监管、以(民主或威权的)无产阶级专政代替资产阶级统治,并且引入一种或许基于科技进步的新的世俗意识形态那么强烈。

更为传统的观念远不如新方法以其对于异化和物化的抨击所带来的东西引人注目。但其目标清晰,并将政治置于首位,其中自有令人钦羡之处。怀旧是没有必要的。只有与随后的奇特论调和乌托邦式的夸张相比较时，其哲学和政治目标才是适度的。

第四章

启蒙的幻象

　　马克斯·霍克海默和西奥多·阿多诺的《启蒙辩证法》或许是左派对现代性进行的第一次重要批判。它起初在1944年以研究所非公开印刷的形式出现，标题是《哲学断片》。然而，当它最终于1947年由克里多出版社出版时，原来的标题已经变成副标题。主题更加明确了。起初，这并没有起到什么作用：只有大约2 000册售出。但如今《启蒙辩证法》被认为是现代哲学的里程碑，也可以说是批判理论的代表作。两种截然不同的思想气质都在这部著作中体现出来。其文本展现出复杂的张力，有可能做出各种解释。然而，某些特征是无可争议的。

　　这部作品研究了科学（或工具）理性如何将自由逐出历史进程，并使物化能够渗透到社会生活的方方面面。即使艺术也只不过转变为另一种商品，丧失了它的批判性。辩证话语此时不仅仅将盲从作为某种随意的关切加以对待。此外，形而上学也出现了创造性的并且激进的转变。霍克海默和阿多诺通过对于系统思考的系统抨击，或者更确切地说是通过本身成为叙事的反叙事，对"全面管制的社会"做出回应。这部作品在利用启蒙传统之外的思想家从而更好地理解其局限性方面也做出了精妙的尝试。

它坚持认为，不仅进步的代价过于高昂，而且野蛮也根植于文明之中，启蒙运动背叛了它最神圣的承诺：自主。

进步的幻象

《启蒙辩证法》忠实于青年马克思的要求，即要做到真正的激进就要走向问题的"根源"。历史上，无论在理论还是实践当中，左派人士基本上都是认同启蒙运动事业的。即便满怀浪漫主义的青年马克思也坚持认为，无产阶级必须从革命的资产阶级那里获得其目标，它没有自身要去实现的目标。他对自由共和主义的批判，其依据是无法在资本主义国家的范围之内实现其自由、平等、博爱的启蒙理想。

随着法西斯主义的胜利、共产主义的变化以及社会民主主义的融合，这些理想被认为失去了威望，由此这种政治批判也被认为丧失了吸引力。奥斯威辛已经刺穿了进步和现代性的光环。做出判断、构建叙事以及理解现实的陈旧标准因此成为时代错误。后现代先于其文字而出现。启蒙和现代性在集中营的世界中得到了满足，这个世界由不负责任的官僚制度加以管理，失去控制的工具理性为其添柴加火并以一种难以想象的怒火的宣泄表现出来。

《启蒙辩证法》纳入了"反犹主义要素"这一绝妙的最后一章的片段，这是在1947年补充的。在这里，偏见被解释为拥有其自身的动力和抗拒理性讨论的逻辑。反犹主义被视为具有人类学根源的人类"第二天性"的一种表达。霍克海默和阿多诺坚持认为犹太人始终有某些"与众不同"之处。如果现代性强制性地使个性日益标准化，那么与差异性和自主性的不期而遇在逻辑上将出于无意识的嫉妒而引发憎恨。这种憎恨就是反犹主义者的标志。纳粹分子对于犹太人的憎恶即便带来了"历史转折点"，还是实现了过去的预感。

资本主义也适合这幅图景。反犹主义没有被简化为某种预制的经济利益。它反而同商品形态联系起来，由此人类不再被视为其自身的目的。他们反倒被当作科层式生产过程中的生产要素。其间，物化削弱着个体行使道德判断的能力。早在第一座集中营建立起来之前，自主性便遭受着侵蚀。自由则一直处在危险之中。犹太人长期被同流通领域联系起来并被视为资本主义的先驱。因此，不仅资本主义需要审问，文明本身也不例外。社会批判理论由此采取了人类学形式，反抗在这种形式中取决于岌岌可危的主体性。

《启蒙辩证法》坚称文明本身就涉及对于主体性的攻击。荷马的《奥德赛》即已描述了主人公为了生存愿意放弃他的身份和姓名。因此，工具理性与主体性的侵失，即异化，内在地联系在一起。它们彼此的联系只不过是在广为人知的启蒙历史时代被具体化了。这个术语因而在《启蒙辩证法》中获得了双重含义。它既被等同于17世纪和18世纪对欧洲宗教教义予以驳斥的历史上特定的科学知识理论，也更广泛地被视为与文明诞生伊始产生的错误和迷信进行的人类学抗争。这部著作的关键在于启蒙运动的历史批判通过何种方式转变为关于进步的人类学研究方法。

事实上，正是这一点使它如此具有挑战性和争议性。

科学理性是客观且价值中立的，是可操作和可测试的，它起初被用来摧毁传统的迷信与偏见，从而促进开放讨论、实验以及宽容。生活在宗教世界中的进步思想家首先关注的是避免神学家干预科学探索。然而，始于抨击宗教教条主义的工具理性，转而以其之力对抗一切非科学准则和规范性主张。这些内容包括最初启迪了科学实验的启蒙所涉及的道德价值（如道德自律和运用良知）。然而，就是在这个意义上，理性的批判性削弱了：更确切地说，它成了大卫·休谟所预言的"激情的奴隶"。

《启蒙辩证法》从尼采、弗洛伊德和马克斯·韦伯那里汲取深刻见解，对黑格尔和马克思做出补充。其作者扭转了将技术发展与进步混为一谈的传统叙述。他们反而将工具理性日益提升的主导地位同全面管制的社会联系起来。新见解抛出了新的反抗形式，要求强调主体和客体——或者不那么抽象地讲，是个体与社会——之间的"非同一性"。鉴于整体是虚假的，进步乃是幻象，唯一批判性的选择就是发展随后众所周知的否定辩证法。只有以这种方式，批判才可能直面启蒙运动带来的错觉。

就意识形态主张来看，科学一直被视作无关价值并且是中立的。然而，如同商品形态和官僚制度，科学也关注其领地的拓展。科学理性由此很容易与资本主义和官僚制国家的需要相结合。资本主义、官僚制度和科学——工具理性的全部表现——构成了启蒙运动的真正核心。它们将自然变为利用的对象，使进步成为异化，将自由转变为控制。自主是个麻烦，批判是种威胁。启蒙运动或许与这些理想有关，但它真正的目标却是规范和控制。其拥护者以解放的名义最终助长了技术主导的理性。启蒙运动最初力图消灭的非理性观念由此作为其自身产物重新出现。

人类为了增强支配自然的力量付出的代价是主体性的丧失。启蒙运动的人文主义无视它所处的支配地位，同样无视它孕育的反抗，它不能理解在它的"最内在之处，一名疯狂的囚徒恼羞成怒，作为法西斯主义者将世界变成牢笼"①。这才是启蒙运动真正的遗产（即使没有获得承认）。它始于康德，经萨德侯爵延续至尼采。康德建立了认识论屏障，避免科学受到形而上学和宗教的干预，萨德将工具式地对待个人推向极致，尼采最终使理性和良知服从于权力意志。

《启蒙辩证法》并不是说个人被简单地转变为机器。所发生的乃是自主性的扭曲。个人被认为除了做出技术或情绪判断之外越来越别无他能。（需要注意的是，对于庸俗唯物主义和直观的形而上学的早期批判在这里开始发挥作用。）运用良知并想象自由社会变得越发困难，而且，即使只是因为这个原因，极权主义的吸引力也在增长。一个社会学和哲学的解释——如果不是辩解的话——出现在那些宣称他们"只是在服从命令"的人面前。陈旧的政治抵抗方式不再可行：在进步由物化来定义的地方，批判理论事实上的处境是向野蛮的洪流投掷装着解放讯息的瓶子。

自由遭到俄国革命的背叛，自由主义违背了自由社会的承诺。工具理性不可逆转地确保了这一点。哲学唯心主义最初建立在没

---

① 译文参考［德国］T. W. 阿多诺：《〈最低限度的道德〉第二部分》，载《世界哲学》，张慎译，2003年第6期，第32页。

有任何经验决定因素的普遍主体理念之上：这是个人在做出道德决定时应当使用的参考。自由主义将普遍原则用于法治及其权利观念，但那恰恰是问题所在。从以工具性需求的名义宁愿放弃个性，到凭借抽象人性否认阶级诉求，直至最终对形而上学抽象本身的攻击——所有这些都成为一个单一逻辑之中的逻辑步骤。进步不像好资本家一直所说的那样，是道德良知的提升和人性的完善。情况完全相反：自主性和道德规范遭到了抹杀。正如阿多诺后来喜欢说的，实际的进程是从弓箭到原子弹的变化。

霍克海默和阿多诺认为启蒙运动的政治思想带来了进步的幻象——代价是惨痛的。西方马克思主义者从未迷恋自由共和主义，而在1933年，随着阿道夫·希特勒的胜利，法兰克福学派也有同感。1934年，马尔库塞这位核心集体中大概最具政治洞察力的一员甚至指出，不仅从对于私有财产的承诺来看，而且就政治主张而言，自由主义和极权主义之间都存在密切联系。

《启蒙辩证法》阐明了这一点。它的作者认为，自由主义作为一种观念固然是美好的，却是对既存状况的辩护。它对非人道和非理性的熟视无睹导致自由主义及其人道主义冲动至少不能有效地向其敌人发起挑战，在最坏的情况下，还会与它们沆瀣一气。他们就这一问题直言不讳地指出："启蒙对待万物，就像独裁者对待人。独裁者了解这些人，因此他才能操纵他们。"[①]歌德挚爱的

---

① 译文引自［德国］马克斯·霍克海默、西奥多·安道尔诺:《启蒙辩证法——哲学断片》，渠敬东、曹卫东译，上海人民出版社2006年版，第6页。(此译本对作者名的译法与本书中有所不同。——编者)

图5 法西斯主义在启蒙运动中找到了它的根基。照片中是布痕瓦尔德集中营中歌德珍爱的橡树

橡树矗立在布痕瓦尔德集中营中央，为启蒙运动的命运提供了一个惨痛且具有象征意义的例证。

霍克海默和阿多诺关注的不仅是极权主义产生于自由体制如魏玛共和国这一经验事实。他们还相信法西斯主义是其取胜之前既存状况的产物，这不是在某种否定意义上，而是作为其公开（但虚伪地）谴责的那些状况的实际延续。自由思想遭到了它们根植于其中的工具体系的背叛。本应为其存在正名的那些思想，使它对良知的颠覆愈发严重。犹太人群遭受的苦难最为沉重，原因在于在人类学上文明社会总是给它打上"异族"的烙印，而历史上它被普遍视为自由主义和资本主义的先驱。

这种具有讽刺意味的状况是不可避免的。在自由思想的伪装背后,物化过程从良知的罗网中释放了非理性的恐惧和本能的冲动。作为其结果的反犹主义反映出一种状况,在其中"被剥夺了主体性的盲目的人们作为主体被释放出来"。这些空洞的个体是没有道理可讲的。他们的非理性根深蒂固。这不仅仅是由法西斯主义,也是由文明和启蒙遗产意想不到的结果所塑造的。

远离历史

瓦尔特·本雅明在他的《历史哲学论纲》中指出,"没有一部文明的记录不同时也是一份野蛮暴力的记录"①。或许如此。但这一主张恰恰回避了问题的实质:如何将两者区分开来并断定哪一种特质在任何特定的记录中更为普遍?《启蒙辩证法》从未阐明提供答案所需的标准。两位作者拒绝就启蒙运动对于制度、运动和政治理想的影响对其进行讨论。相反,他们将其同一种单一的理性形式联系起来,进而按照一种单一的人类学叙事予以追问。启蒙运动在没有参考反启蒙运动的情况下受到批判。限制独断地行使制度性权力与鼓励自由地发挥个性之间的历史性矛盾就此消失。思想传统失去了它们同有组织的实践形式的联系。存在的只有工具理性这一转型的,或者更确切地说是新世界的精神。

《启蒙辩证法》丝毫没有论及影响深远的政治思想家,对约翰·洛克、戈特霍尔德·莱辛、伏尔泰、本杰明·富兰克林或托马

---

① 译文参考[美国]汉娜·阿伦特编:《启迪:本雅明文选》,张旭东、王斑译,生活·读书·新知三联书店2008年版,第269页。

斯·潘恩只字未提。这部论著的两位作者看得更远。他们关心的是萨德侯爵、叔本华、柏格森和尼采。他们都与启蒙运动的政治原则以及致力于实现这些原则的组织无关。他们反自由、反社会主义、反民主、反平等、反理性并且反历史。

霍克海默和阿多诺对于科学理性的批判也有政治上的误导性。法西斯主义者从未沉迷于科学理性或普遍范畴。相反,他们从意识形态上运用"犹太物理学"或"意大利数学"等概念。20世纪,科学理性的多数实证主义和新实证主义拥护者都是自由主义者,如卡尔·波普尔;一些是社会民主主义者,如鲁道夫·卡尔纳普;也有少数如汉斯·赖欣巴哈甚至一度是极左派成员。伟大的社会主义思想家和活动家诺贝尔托·博比奥指出,对于实证主义的蔑视(而不是接纳)是法西斯主义的特有标志。他无疑是正确的。

显然,这一切都无关紧要。霍克海默和阿多诺更感兴趣的是在个人和群体的自觉意图背后发挥作用的辩证过程。但他们的辩证法缺乏历史规范。他们从不探究导致新的野蛮的**政治**决定的时刻。《启蒙辩证法》没有论及德雷福斯事件、俄国革命、法西斯进军罗马或纳粹的胜利。组织和意识形态冲突如同相关的人物一样始终不见踪影。极权主义与现代性——以启蒙运动为源头并以工具理性为媒介——之间的联系根本无法令人信服。

依旧不甚明了的是,为何最发达的资本主义国家如美国和英国从未经历真正的法西斯威胁,而远没有那么发达的国家如意大利和罗马尼亚屈从于反动势力。同样不明了的是，为何日本从未经历过启蒙运动，也没有来自左派的对极权主义的探讨。苏联出现的不是现代性的产物而是缺乏现代性的产物：葛兰西实际上将布尔什维克革命视为"反《资本论》的革命"，而列昂·托洛茨基和列宁坚持认为共产主义可能取胜正是由于俄罗斯帝国是"资本主义链条上最薄弱的一环"。

社会民主党领袖中的正统马克思主义者——毫不奇怪——比更加精通哲学的法兰克福学派成员更清楚这一切。卡尔·考茨基和罗莎·卢森堡不仅早在1918年便预言了苏联恐怖机器的出现，而且分析指出其乃经济不发达的产物。其他学者注意到，在德国，资产阶级出于对无产阶级的恐惧，在意识形态上尚未同封建主义达成妥协时，就与反动派结成了联盟。

欧洲法西斯主义**不是**某种预制的哲学辩证法的产物，而是对自由主义和社会民主主义自觉的意识形态回应。它在各地的群众基础主要是前资本主义阶级——农民、底层阶级以及小资产阶级，他们的存在和物质利益似乎受到了资本主义生产过程及其两个主要阶级，即资产阶级和无产阶级的威胁。与现代性有关的阶级多半支持那些接受大陆式自由主义的政党，或者支持依然在形式上接受正统马克思主义及其共产主义竞争对手的社会民主党。所有这些党派除了共产党之外都是魏玛共和国的支持者，也都是在语言和行动上向它们开战的纳粹分子的敌人。

《启蒙辩证法》将这些真实的历史冲突抛入形而上的雾霭之中。它关于奥德修斯的著名诠释就提供了一个恰当的例证，奥德修斯对于其身份的舍弃成为在流亡中活下来的唯一途径。"意识的牺牲是根据其自身的范畴理性地进行的。"无法回头。工具理性是生存所需，而我们的生存形式造成了我们的毁灭。启蒙运动是关于一种动力的叙事，这一动力的具体影响以刺在集中营囚犯手臂上的数字而登峰造极。这个具有煽动性的观点引起了非同寻常的关注。它以错误的具体性和错置的因果关系为基础。工具理性并没有带来纳粹主义，甚至没有损害个人做出规范性判断的能力。纳粹的胜利乃是真正的运动之间相互冲突的产物，这些运动的成员很有能力同时就他们的利益和价值观做出不同的判断。

法西斯主义从来不是意料之中的必然结果，正如它从来都不单纯是由现代性决定的。现实的运动和真正的组织、实际的传统和真实的观念相互冲突。忽视它们就是接受法兰克福学派名义上试图反对的思维的物化。《启蒙辩证法》中出现的是一个不肯让步的过程，它排除在外的东西多过它所阐明的东西——就因为它在历史主张上并不明确，政治判断上也不清晰。将性质不同的现象统一在一套规则之下的想法只会导致历史方向的迷失和政治困惑。考虑到卢卡奇本人同斯大林主义的联系，他大概不会加以指责。然而，他嘲讽法兰克福学派从其"深渊大酒店"眼睁睁看着朝向野蛮的跌落是有些道理的。

何去何从？

马克斯·霍克海默和西奥多·阿多诺想要从启蒙本身的角度

直面启蒙运动的局限。他们的出发点是自主性遭到的侵蚀。进步在他们看来造成了野蛮，对于资本主义的批判被置于更加广泛的"统治的人类学"之中。他们的工作不偏不倚地立足于马克思主义辩证传统当中。但支撑他们的批判的肯定性要素从不是具体或清晰的。由于整体出了错误，也从没有进行调和，批判理论逐渐被迫将否定作为其指导原则。全面管制的社会是目的论的反向产物。物化正蔓延至社会的每一个缝隙，工具理性无论出现在哪里都只不过表现为另一种统治形式。霍克海默和阿多诺没有提供做出区分的标准。对他们而言，基本情况显而易见：工具理性是问题所在，商品形态是祸根，文化产业是敌人。人们别无选择。只有持续的反抗，它是以始终难以捉摸的个人体验的名义进行的，如果这种体验被认为是真实的。

《启蒙辩证法》计划撰写续篇。两位作者或许觉得他们走得太远了。霍克海默期待的是"尚未书写的肯定辩证学说"。启蒙运动似乎需要拯救或改造，但始终没有实现。关于为何没有实现存在很多讨论。一些人注意的是作品的片段式结构——它对于格言和蒙太奇叙事方式的运用及其反体系特征。其他人突出的是作者在思想上对否定的投入。还有人指向了他们同左派的决裂以及他们对政治参与的恐惧。然而，或许还有不同的原因。两位作者大概只是发现不可能提供一种"肯定辩证学说"——因为他们不再有任何"肯定的"内容要讲。

第五章

乌托邦实验室

  1795年，弗里德里希·席勒发表了他的《审美教育书简》。他的目的是保存法国大革命在恐怖统治及随后1794年处决罗伯斯庇尔后保守派摇摆不定时期，也就是热月中摧毁的乌托邦承诺。席勒引入美学作为对现实的乌托邦回应。他的经典著作描绘了一个新的生活世界，其中游戏冲动以其诉诸感性和赋予形式的特质改变着生存方式并悄无声息地重新定义了劳动和科学的性质。审美王国体现了人性的"内在真实"。它摒弃地位与权力的差异，展现了新的团结、自由以及对自然的非工具的对待。乌托邦存在于艺术产生的"美丽幻象"之中。但这种幻象也充当着一种规范性的理想。它依据自身的解放标准和目标塑造现实：它体现了已经被历史背叛的幸福承诺。

  法兰克福学派将尝试拯救废墟、碎片和被遗忘的形象以实现这一承诺。它所处时代的无产阶级革命可能转向了极权主义，新的先锋可能已无法实现其历史使命。但法兰克福学派的改造计划依然烙下了马克思的印记。新的物质条件被视为其转向美学和形而上学的正当理由。与全面管制的社会以及工具理性的统治作斗争，需要抛弃将艺术用于政治目的的一贯尝试。

美学批判立场此时表示，艺术的目标不是以现实主义的方式描绘社会的错误、提供关于事物应该如何的陈词滥调或迎合大众。批判理论重新定义模仿时必须考虑蒙太奇、意识流以及为体验现实并引起受众的乌托邦憧憬提供新形式——新幻象——的其他技术。当实现这些憧憬的条件最不具备时，这些憧憬很可能最为强烈。瓦尔特·本雅明关于歌德的文章中的名言，即"只是为了绝望之人，希望才被给予我们"，其背后的意思或许就在这里。

期盼乌托邦

恩斯特·布洛赫喜欢引用这段文字。但他认为，乌托邦需要更加坚实的政治和哲学基础——他试图在毕生投入其中的"更好的生活的梦想"中提供的正是这一点。阐明其内容的尝试促使他研究灵魂转世乃至炼金术等所有问题。但他也为构成地下革命史的失败的起义、被遗忘的实验以及未实现的目标中的乌托邦提供了物质基础。它们都暗示着一个基于平等、公正和自由的世界。布洛赫的著作因此复兴了一个与人类自身一样古老的观念。这些作品未完成的、自由浮动的以及联想的特征，与它们的古典学的博大精深、表现主义的文学风格以及启示性的展望相得益彰。憧憬的幻想结合着对于记忆的批判性运用。从他所处时代回溯至欧洲自由城镇的工人协会、被遗忘的新教革命者如托马斯·闵采尔的神学、自然权利的起源以及最多样的宗教的神圣文本，都是汲取政治解放冲动的源泉。

不可否认，布洛赫提出的主张大多是断言而非论点；他的解释标准有时含混不清；他还经常混淆想象与逻辑之间的界限。但他想要做的是使乌托邦具体明确。最好的生活与总体的每一个在当前异化的要素作抗争。它突出了主体与客体之间的统一性，将世界转变为最多样的个体实践的实验。激励这项宏大事业的目标具体体现在布洛赫三卷本《希望的原理》的结尾之中：

> ……人类无论在何处都依然生活在史前阶段，事实上一切都依然处在世界——一个正确的世界——的创建之前。真正的开端不在最初，而在终点，只有当社会和存在变得激进，即抓住它们的根本时，它才开始起步。而历史的根基是改造和整修既定事实的劳动中的、创造中的人。一旦在真正的民主中，他把握了他本身并重建他所拥有的，而没有剥夺和异化，在这个世界中就会产生照进所有人的童年的东西，而这是所有人都未曾到过的地方：家园。

恩斯特·布洛赫在他漫长的一生中都认同这种立场。他的《主体-客体》（1949年）以及《乌托邦精神》（1918年）著名的结语"卡尔·马克思、死亡与末日"，都显示出大体相同的看法。作为德国先锋派的中流砥柱，最终在20世纪30年代支持斯大林主义的特立独行的马克思主义者，布洛赫在二战后成为莱比锡大学的一名教授，1961年柏林墙竖起时迁往西德，随后于蒂宾根大学任教直至离世。一战前，他与卢卡奇曾是挚友。他们一同成为马克思主义者，他们的事业反映了俄国革命英勇年代的雄心与希望。他们经常一起在咖啡馆参加活动——以致双方的特质在托马斯·曼伟大的战前小说《魔山》中融入了纳夫塔这个具有耶稣会特征的偏狭的独裁主义者之中。20世纪20年代后期，两位朋友在各种美学和哲学问题上背道而驰。然而，直至20世纪30年代以"表现主义争论"而闻名的围绕文学的政治含义的交锋中，他们之间的裂痕才变得公开。

在1924年共产国际对《历史与阶级意识》予以谴责后，卢卡奇与其言归于好。他决定留在组织当中，并坚持着这个决定。他的思想变得更加僵化、更加教条，但无论如何，他也更加重视将资产阶级的革命遗产同共产主义衔接起来。这无疑成为他发起两次大战期间显然最重要的文学争论的动力。

卢卡奇在总体上挑战了欧洲现代主义，尤其挑战了德国表现主义，挑战它们的非理性主义、主观主义和乌托邦主义，以此回应对于反法西斯人民阵线持续高涨的呼声，并试图理解纳粹主义的文化根源。《表现主义的伟大及其衰落》（1934年）以及《紧要关头的现实主义》（1938年）等文章断言，时兴的先锋潮流帮助创立了法西斯主义可以在其中蓬勃发展的文化前提。卢卡奇的方案是一种"批判现实主义"，它或许在巴尔扎克、列夫·托尔斯泰和托马斯·曼的作品中得到绝佳体现。

布洛赫在《论表现主义》（1938年）及其他文章中，对卢卡奇的论证路径提出了不同意见。他反对将文学降格为政治，坚持表现主义事业的人文特质，并强调其对法西斯世界观中占很大成分的文化庸俗化的抨击。布洛赫也为表现主义的乌托邦感受力及其对新人类的展望进行辩护。他从未抛弃他早年的作品。与曾经宣称最坏的社会主义形式也胜过最好的资本主义形式的卢卡奇不同，布洛赫始终认为最坏的社会主义根本不是社会主义。社会主义如果要证明自己名副其实，必须预示最好的生活。乌托邦不能依旧是塞缪尔·巴特勒称为**埃瑞璜**（erewhon）的地方——或倒着拼写的（可以说是）乌有乡（nowhere）。

布洛赫将社会主义看作一项乌托邦计划。它应该作为重组的总体，提供对待人与自然的新方法以及体验文明的丰饶的新机遇。他的观点是末世论的，但绝不能简单地视为信仰或象征。在可以回溯至伊甸园的最基本的人类经验和形象中，都能找到乌托邦期盼。但最好的东西也出现在运动带来的兴奋、对爱的渴望、儿歌、白日梦以及在一件真正的艺术品中体验到的轻松当中。每一项都是我们寻求的世界的朦胧预兆，而人类历史就是在生活的多个维度中表达并实现它的一场漫长的斗争。

包括死亡在内的我们全部的失望与恐惧的基础，是救赎的希望和被剥夺的人类自由。在希望的体验和存在所固有的残缺性中，乌托邦获得了本性论基础。批判性思考的任务就是通过强调允许重新解释往事的"期盼意识"，去阐明这些无意识和半意识

图6 伊甸园或许是最有影响力的乌托邦形象

的渴望。例如，布洛赫的《基督教中的无神论》（1968年）强调共产主义的宗教根源；它影响到在拉美及其他前殖民地世界大受欢迎的解放神学。同时，《自然法与人的尊严》（1961年）坚持认为，对于公平待遇的期盼以及对于独断的制度性权力的约束始终推动着卑微之人的斗争。

乌托邦使我们意识到，我们所拥有的未必就是我们想要的，我们想要的也不一定都是我们能够拥有的。根据布洛赫的看法，当启蒙运动的思想将理性还原为现实，并且无视埋藏在魔幻、疯癫、童年幻想等里面的未实现的乌托邦元素时，它便向批判敞开了大门。人们可以认为，他使这些心智状态具有了浪漫色彩，过分认同那些对它们称颂有加之人并过高估计了它们对于乌托邦

哲学的重要性。但布洛赫的事业之中的批判成分是阐明**非理性**
的理性的一种尝试——这一尝试完全处在批判理论的传统之中。
这不仅对于领悟魔幻和神秘主义非常重要，而且对于理解根植于
种族主义及将直觉和非理性置于首位的其他意识形态之中的"虚
假的乌托邦"，都具有重要意义。

布洛赫始终认为，未来不是某种机械的关于当下的周密计划。
它并不产生于通过毁灭过去而通向未来的一连串步骤或阶段。但
与此同时，乌托邦也不应被视为一种与现实的骤然断裂。相反，通
过辩证的方式，乌托邦构成一种特殊的重建的过去，它使人们意识
到存在着的却尚未被意识到的东西。由此，每一个故事都有待解
释，而解释有待重新解释。存在总是未完成的——其终点总是看
得见的"尚未"。不存在绝对的拯救或救赎。没有审判日。随着人
类反省它所忽视的，最好的生活的梦想不断重新闪耀着微光。

来自地球每个角落的工艺品以及以往未被注意的珍宝表明，
最好的生活的梦想是不完整的。布洛赫的目光从琐罗亚斯德和
孔子，转向虚构的谢赫拉莎德的传奇故事和16世纪诺查丹玛斯的
预言，直至浪漫主义、马克思主义以及现代主义。对时间、死亡、
仁慈以及最变化多端的情感的不同理解，在布洛赫所谓的"乌托
邦实验室"中散发出生命力。包容和开阔的思维对于它的运转必
不可少。格外遗憾而且讽刺的是，布洛赫本该在1938年那篇声
名狼藉的题为《叛徒的庆典》的论文中①，为约瑟夫·斯大林编导

---

① 原文有误，布洛赫的这篇文章发表于1937年。——译注

的作秀审判进行辩护。其他任何思想家都未曾提出如此丰富、多变、新颖并孕育着可能性的乌托邦设想。改变总体的每一个部分有了希望。但总体不只是其各部分的总和，实现某一部分的预期潜力的尝试将不可避免地影响到另一部分。布洛赫所谓的"世界实验"无法被完全兑现：乌托邦必定一直是乌托邦式的。

生存和解

赫伯特·马尔库塞同意这一点。但他对待乌托邦的方式迥然有别。他的《爱欲与文明》（1955年）是阐述自古以来被压抑的解放欲望、希望以及想象的一种尝试。马尔库塞在其学术生涯伊始便对席勒产生兴趣。他那一代年轻激进人士对于他的接纳远远超过歌德或18世纪其他魏玛文人。在奥斯威辛和古拉格之后，面对一场新冷战之中核毁灭的可能性，马尔库塞发现需要一种新观点来开展批判。美丽幻象、游戏冲动以及持续幸福的观念，为在人类学上同现实原则及其资本主义变体——施行原则——分道扬镳提供了恰当的基础。

弗洛伊德将这些术语同延迟满足快乐以及压抑停留在无意识中的本能性欲联系起来。要在匮乏的世界中生存下来，这一切都被认为是必需的。然而，马尔库塞认为，匮乏的现代世界在人为地维持着。发达工业社会结构强加着某种"额外压抑"以确保其延续。

帝国主义、军国主义、经济剥削、父权家庭结构、宗教教条主义以及消费主义催生的虚假需求都导致了它的非理性。只有某种原始的罪恶感同其价值观和机制保持着联系。人们寻求并利用惩罚来平息解放的渴望以及典型的反抗思想，它们来自对原始父亲强加的不平等分工和满足感做出反抗的子女。这些反抗和模糊的解放梦想太过可怕以至于不忍回想，它们笼罩在雾霭之中，必须予以清除。人们因文化产业而麻木，丧失了选择余地，缺乏反思性，陷入快节奏但最终毫无意义的生存漩涡之中，因此对他们的历史失去了控制。

在压抑助长非理性愤恨和暴力的情况下，相比于毁灭，社会和政治活动对解放的关注越来越少。但这仅仅进一步强化了乌托邦期盼以及罪行和随之而来的对新的惩罚的需求，这些惩罚立足于越发具有操纵性且不必要的延迟满足方法。物质进步因此建立在心理退化的基础上。生活在发达工业社会中的个人无法处置他们的罪行，持续不断地重复着施行原则的压抑性价值观。

乌托邦是对这一切的否定。它呈现出创造性活动的升华形式，将主、客体结合起来，并将力比多从所有束缚中解放出来。人类在乌托邦中从心理上得到改造。匮乏得以克服，个人不再以工具的方式看待彼此。人被置于利润之先，工作变成游戏，几乎在生理上被残暴、剥削和暴力击垮的感性呈现出新的形式。这还不是全部。时间不再被认为是线性的，而是遵循自然被视为内部循环过程，类似于尼采所谓的"永恒轮回"。意识到生命的延展不是死亡，持久的幸福因此最终在理论上成为可能。《论解放》成为马尔库塞描绘乌托邦生存的载体，在那里：

技术到那时将趋向于艺术，艺术往往会成为现实：想象
与理性、更高能力与较低能力、诗学思想与科学思想之间将
不再敌对。新的现实原则应运而生：在这一原则之下，新的
感性与去崇高化的科学心智将共同创造一种审美精神。

《爱欲与文明》尤其招致铺天盖地的批评，但它始终是充满想
象力的杰作。这部作品将弗洛伊德在《文明及其不满》（1930年）
以及他的其他元心理学思考中极度悲观的看法，改造为激进的乌
托邦设想的基础。马尔库塞坚定重建本能的愿望，决心以最为引
人注目的方式挑战异化问题，为集中营世界中人性的狂虐扭曲提
供了解放的对照。他坚持认为，只有"生存和解"这种没有死亡
恐惧的持久的幸福体验才能使爱神伊洛斯战胜死神塔纳托斯。
应对这个表面进步、实则野蛮的世界，乌托邦是唯一可行的立
足点。

《爱欲与文明》出版之时，西方世界的思想生活在法国由让-
保罗·萨特和存在主义者主导，在德国由君特·格拉斯和"四七
社"把持，在美国由垮掉派主宰。马尔库塞另辟蹊径。他的视角
对他们的悲观主义提出质疑，随后向青年发出挑战，要求他们开
拓思路，接受一种新的道德理想主义。马尔库塞不是傻瓜。他
知道他的乌托邦建立在矛盾的基础之上，这种矛盾阻碍着它的实
现：只有已经获得解放的个人才能带来解放的社会。他也明白他
的设想在本质上是理论性的，也正因如此才是批判性的。但一些
人认为，他的观点对批判理论的理性基础构成了威胁。

于尔根·哈贝马斯的《作为"意识形态"的科学技术》（1968年）对马尔库塞发出了猛烈的抨击，并且提供了截然不同的观点。他声称技术具有本体论结构，在没有阐明验证真理主张的标准的情况下讨论新科学是无效的。然而相反的观点指出，这样的批判是表面的，而不是内在的。它们都没有论及问题所在。真正的问题在于《爱欲与文明》是否提供了一种控诉现实的适当的理想标准。或者更坦率地说，它的乌托邦设想有多真诚，它的含义有多激进？

埃里希·弗洛姆正是带着对这些问题的思考对马尔库塞进行了批判。他的观点体现在《精神分析的危机》（1970年）和《修正精神分析》（1992年）收录的各种文章当中。通过强调社会条件在性格形成中的首要位置，弗洛姆在20世纪30年代已经对弗洛伊德的元心理学主张和本能论提出疑问。这使他与社会研究所的核心集体疏远了，并导致他在1939年正式与其决裂。于弗洛姆而言，心理学或元心理学的任何哲学基础只在其同临床实践相联系的情况下才是有用的。没有与真实个体的真实经验相联系，这样的元心理学必然依托武断的概念操纵，而忽略掉有关缓解个人痛苦的问题。弗洛姆指出了马尔库塞犯下的各种技术错误。

比如，弗洛伊德从青春期前性欲的角度定义多形态性欲，这样一来，所谓的乌托邦式的对它的实现的渴望（马尔库塞声称）实际上就是建立在婴儿期幻想的基础上的。弗洛姆由此认为《爱欲与文明》提出的乌托邦概念实际上掩盖了退化并且抹杀了自我。然而，即使情况并非如此，批判理论依然应该强调治疗尝试对于促进资本主义社会中个体的成熟、独立以及理性具有首要作用。任何其他观点，无论其乌托邦主张如何，都割裂了理论与实践，使理论主张与经验验证相分离——由此背离了批判事业的最初设想和理性特征。

核心集体中以前的伙伴们对这一切都很重视。他们认为，弗洛姆对于元心理学的抨击构成了对弗洛伊德激进遗产的修正。它扬言要抹杀对文明进行人类学批判的合理性，这种批判曾给《启蒙辩证法》以启迪。弗洛姆的观点在西奥多·阿多诺的《社会科学与精神分析的社会学倾向》（1946年）中遭到激烈批判。马尔库塞也以对于弗洛伊德"修正主义"的批判进行反击，这一批判首先出现在《异议》（1956年）当中，最后作为了《爱欲与文明》的附录。这里涉及一些重要问题，触及批判理论的性质及其应该采取的方向。

如果弗洛姆是正确的，那么批判理论必须再次将自身视为一种实践理论——尽管是以新的方式并且在新的条件之下。它应该为应对剥削和压迫提供实用观念，并且更强烈地依托于有关人文主义和启蒙的道德传统。相形之下，接受元心理学肯定了条件错误的本体论。只有否定辩证法以及脱离了人类学的视角方能保存反抗的可能性和激进的自由理念。理论胜过了实践。优先以临床治疗改善个体心理困境，成为对现状的一种妥协以及对压迫的适应。阿多诺在《最低限度的道德》中就这一问题尖锐地指出："谬误的人生中不存在正确的生活。"[①]不过，也可能，谬误的

---

① 译文引自方维规：《西尔伯曼与阿多诺的文学社会学之争——兼论文学社会学的定位》，载《社会科学研究》2014年第2期，第184页。

人生大概或多或少是错误的,而过这样的人生可以或多或少过得正确。

缺失了什么?

法兰克福学派提供的对于最好的生活的理解,与托马斯·莫尔的《乌托邦》(1516年)或爱德华·贝拉米的美国畅销书《回顾》(1887年)中给出的那些截然不同。这些乌托邦文学经典融合了它们试图驳斥的关于世界的标准假设,如奴隶制或技术进步。设想与现实原则进行人类学上的甚或真正激进的决裂的作品难得一见。这种观念中固有的危险事实上构成了诸如尤金·扎米亚金的《我们》(1921年)、阿道司·赫胥黎的《美丽新世界》(1932年)或乔治·奥威尔的《动物农场》(1945年)和《1984》(1949年)等反乌托邦作品的基本主题。它们都对共产主义中的全体主义和技术进步进行了明确的批判。它们也都提出要警惕道德放纵和持续幸福的观念。乌托邦——或者更确切地说是实现乌托邦的梦想——被它们当作具有一系列特殊危险的诱人的麻醉剂。

或许那就是它应该有的样子。将乌托邦变为现实的尝试早在法西斯主义进入历史舞台前很久即产生了血腥的结果。末日救赎的观念将和解排除在外。乌托邦始终带着来自预言的自以为是——多半还有对暴力的颂扬。乌托邦主义者习惯上以他们设想中确保实现的解放目标,为他们采取的可怕方式作辩护。人们有充分的理由嘲笑乌托邦非理性且抽象、模糊且不确定,而且忽视了人性。

但是对于最好的生活的梦想是人类的一个永恒主题。乌托邦或许是哲学词汇中最被低估的概念。它还具有独特的现实意义。每种大众意识形态都有乌托邦成分。伟大的运动从来不是被激发的,而障碍的形成也从不单纯出于实际原因。"人不只靠面包活着,"布洛赫写道,"尤其是当他没有面包的时候。"乌托邦具有存在主义成分,它是不计其数的个人业已证明愿意为之献身的理想。

理论家们应该一向警惕将乌托邦描绘得过于真实。概貌总会有润色和修改的空间。这种概貌仅仅为永远的半成品提供大致轮廓。乌托邦归根结底是一种规范性理想:它使我们感受到文明既已取得的成就如此之少,也提供了未来可能达成的结果的预期路径。乌托邦激发了革命。但它也激励了艰辛、单调并且时而危险的改革努力。即使是改善个体生活的治疗尝试也提到了有关如何生活的观念和理想。乌托邦不一定使政治行动者忽视社会现实和道德约束。这种概貌可以澄清伴随着推进最好的生活而产生的多方面问题。它也可以表明人性依然是正在进行的工作。乌托邦从未有意抹杀个体。不如认为它将"多样性的统一"置于首位,并且孕育着更为丰富和复杂的个性形式。

最好的生活逃脱了形象的捕捉、描绘的限制或沦为哲学范畴。这就是它的力量所在。乌托邦揭示出现实如何存在于T. W. 阿多诺所谓的"邪恶咒语"之下——对即时满足的迷恋侵蚀着批判性的想象。或许乌托邦只存在于当一个人如同儿童图书中的英雄小公牛费迪南德,不受贫困和压迫,躺在草地上仰望天空之时,又或者只存在于一旦经历便转瞬即逝的须臾片刻间。而那时,乌托邦没有建立在一种渴望或一种欲求的基础之上——哪怕是渴望不道德①或欲求持久幸福和终极意义。布莱希特的乌托邦剧作《马哈哥尼》(1929年)中真正颠覆性的理念是"缺少了某些东西"——不过有些东西一直是缺失的。

---

① 此处原文 immorality 似应为 immortality,即渴望"不朽"。——译注

第六章

幸福意识

黑格尔相信，进步最终是由与大多数人步调不一的人推进的。只有这个人，真正特立独行之人，实际上体验到对于自由的约束。只有这个人有条件质疑关于幸福的普遍理解。事实上，对于黑格尔来说，"苦痛意识"才是进步之源。于法兰克福学派而言，也是如此。其成员对现代生活和文化产业多有批判。但发达工业社会为苦痛意识带来的危险或许最说明问题。岌岌可危的乃是主体性和自主性的实质，即个体抵抗试图决定生命意义与经历的外部力量的意愿和能力。

马克斯·霍克海默向利奥·洛文塔尔写道，大众文化正在欺骗个人远离他本人的时间经验，亨利·柏格森称其为**绵延**（*durée*）。马尔库塞担心人们不再具有充当主体的能力，他们被操纵着认为有些事情取决于自己的选择。霍克海默和阿多诺在《启蒙辩证法》中表达了随后成为核心集体普遍态度的内容：

> 晚期资本主义时期的生活就是持续的成年礼。每个人都必须证明，他完全认同管教他的权力。这也出现在爵士乐的切分音原则之中，它在嘲弄跌跌绊绊的同时，又将它作为

图7　幸福意识的典型特征是盲从和缺乏个性

准则。无论这个制度想要哪种样子，对于那些必须就范的人们，收音机里传来的低吟歌手的柔弱嗓音，穿着晚礼服落入泳池的女主人的殷勤追求者，就是他们的榜样。每个人都可以像这个无所不能的社会一样；每个人都可以是幸福的，只要他完全屈服并牺牲他对幸福的要求。①

---

① 译文参考［德国］马克斯·霍克海默、西奥多·安道尔诺：《启蒙辩证法——哲学断片》，渠敬东、曹卫东译，上海人民出版社2006年版，第139页。

格奥尔格·冯·卢卡奇——当时还在使用贵族称谓——作为青年反叛者以其他青年反叛者为写作对象，他陷于厌恶旧文化和渴望新文化之间，在《心灵与形式》（1911年）中为批评家设想了具有改造能力的角色。其中的文学和哲学文章振聋发聩、复杂深奥，而且明显打破了传统。卢卡奇认为，艺术使个人反抗社会成为可能，不仅仅通过挑战大众品味和观念，而且通过以其寓言性和象征性强化体验。

为了引出这些特性，批判性解释也许是必要的。然而反过来，这样的哲学审问将产生其他解释。文学批评以及艺术创作中的哲学实践因此按照定义都是未完成的。它们始终有待新时期新受众的重新解释。这是由于创造性活动的产物隐藏着等待发现进而恢复的秘密。批评文章不亚于艺术品，通过其形式可以引出被压抑的灵魂体验。哲学与美学、思考与体验之间的界限开始消解。艺术家此时在卢卡奇关于这一术语全新的并且更为宽泛的定义中看起来是个"成问题的人"。这个新定义的代言人不是政治革命者，而是带有不拘传统倾向的博学的文化激进人士，比如尼采：这位代言人预言了充满活力的主体性、新兴文化以及经过改造的现实。

文化产业如何运行

法兰克福学派认为，反对大众社会意味着反对大众文化。其核心集体采取了知识分子局外人的立场。他们知道大众传媒倾向于支持右翼力量的事业。而他们也清楚，文化产业也可以产生表面上倾向于进步的作品。大众传媒已然经常痛斥资本主义、不容异己和权力精英。然而，即使如此，它似乎还是会对经验加以规范，并破坏批判性思考。按照法兰克福学派的看法，文化产业正是凭借自身的特征整合了所有对手。其大众性的直接作用就是作品的无能为力。所有作品都不能幸免：瓦西里·康定斯基的抽象画不能，阿诺尔德·勋伯格严谨的知性音乐也不能。

这里涉及一种动力：古典音乐曾经作为电影（如查理·卓别林和弗里兹·朗的电影）背景，而如今时常作为商业广告的衬托。与此同时，反传统的先锋派进入了博物馆。其作品此时也可以得到心怀善意的自由之人平静的凝视。有时，文化产业呈现的东西会使文化庸人感到一丝不适。但这种大惊小怪毫无意义。艺术作品的批判潜力或乌托邦潜力已然丧失。它已经沦为自由丰裕社会中另一种形式的自由表达，仅此而已。

法兰克福学派相信，文化产业是全面管制社会的一项本质特征。马克思主义者始终视文化为统治阶层的支柱，路易·阿尔都塞随后论述了一种"意识形态国家机器"。但法兰克福学派从另一个方向进行着这项讨论。核心集体就大众文化的特征提出的看法，其对文化标准进行的持续攻击，涉及整合最初由保守派提出的忧思。

18世纪时，埃德蒙·伯克就已为正在被扯碎的"生活的精美帷幔"而忧虑，他在19世纪和20世纪的那些不甚博学却更为激进的追随者们同古斯塔夫·勒庞一道，坚持认为"民众成为至高权力，野蛮风气甚嚣尘上"①。精英们时常要求警惕何塞·奥特加·伊·加塞特所谓的"大众人"及其对公共生活的参与。这一切使得有必要突出批判理论与真正的保守派对大众文化的各种抨击之间的区别。

霍克海默、阿多诺、本雅明和马尔库塞并没有过分担忧传统和文化权威受到的威胁。他们更接近尼采这位文化革命者而非政治保守派，后者谴责维多利亚时代的衰败及其清教徒式的顺从和虚伪以及失效的唯物主义和无用的理性主义。对于法兰克福学派而言，这仍是"更高精神"因"群氓"无法从知性上驾驭其"权力意志"而注定被误解或败坏的问题。

如果一切都是不真实的，如果没有办法在政治上影响社会，那么文化批判便成为唯一的反抗源泉。指挥棒从黑格尔和马克思转移到尼采手上，具有贵族气息的激进主义使他作为高雅艺术的典范对抗其市井对手，并作为现代主义的代表抗衡文化庸人。他是一位世界主义者，反对庸俗的反犹主义，反犹主义的拥护者如作曲家理查德·瓦格纳时常将他的偏见掩藏在"民族主义"的外衣之下。但尼采也怀疑所谓的道德和科学的普遍基础。他对人民大众或体现在进步群众运动中的民主精神鲜有同情。尼采对于他眼中社会渐增的平庸心怀厌恶，他敏锐地意识到日渐加深的文化痼疾并凭直觉知道末日，由此支持实验方法、个性以及看待现实的"透视的"视角。

---

① 译文参考［法国］古斯塔夫·勒庞：《乌合之众：大众心理研究》，冯克利译，中央编译出版社2004年版，第176页。

《启蒙辩证法》讨论了这些主题，但两位作者关于文化产业的看法已经显示在早期作品当中。阿多诺的《论音乐的拜物特征与倾听的退步》（1938年）指出，文化产业的产品并不是只不过在后来被包装成商品的艺术作品，相反，它们从一开始就被视为商品。霍克海默紧随其后，在《艺术与大众文化》（1941年）中，以支持高雅艺术抗衡大众娱乐。

他们都认为，只有技术上最为复杂的作品才能推动对于下降的文化标准和瞬息万变的风尚的反思和反抗。问题不在于政治内容，而在于它得到表达的形式——媒介即讯息。阿多诺在《最低限度的道德》中就此直率地写道："衡量一种思想的价值要依据它同熟知思想的延续之间的距离。它的价值客观上随着这一距离的缩短而降低。"

法兰克福学派就其关于公共生活的看法而言是精英主义者。但其成员在倾向上无疑是现代主义的。他们对过去的某个黄金时代不抱有浪漫幻想，也不关注当权者的存在主义焦虑。他们致力于挑战文化产业，原因在于它正在使经验标准化并由此致使常人越来越乐于接受传统和权威。与过去的非传统的和浪漫的看法相一致，法兰克福学派认为物质丰裕将导致精神枯竭。幸福意识遭到谴责，因为它是空洞乏味的。赫伯特·马尔库塞坚称，文化产业是关闭政治世界的同谋。

个人的沉寂和政治生活的关闭被视为资本主义、官僚国家和大众媒体的功用所在。于尔根·哈贝马斯在其富有开拓性的首部作品《公共领域的结构转型》（1961年）中，对此进行了分析。它的德文副标题是"资产阶级社会的一个范畴"。阿多诺的两名年轻学生亚历山大·克鲁格和奥斯卡·内格特随后以他们关于其"无产阶级"对手的研究，为这项计划进行了补充。但是，将公共领域引入社会学词汇的是哈贝马斯。

他将这一领域视为组织化的国家政治机构与市民社会的经济力量之间的中介。公共领域包括能够促进公共辩论的所有活动和组织。范围从新闻自由到城镇会议、从家庭到沙龙、从教育制度到廉价的书籍生产。公共领域或许起源于中世纪自由城市，在启蒙运动和1688—1789年的民主革命期间获得发展。这就是公开审议本身成为一种价值、屈辱的民众运用其常识以及个人行使其公民权利的背景。公众舆论是赋权的基础：在政权依然摇摆于君主制和共和制之间时，它往往保护个人免遭专断强权的侵害。

所有争取政治民主和物质平等的重要运动——从19世纪社会民主主义工人运动到20世纪60年代的女性解放运动——都产生了充满活力的公共领域。甚至可以公平地讲，一场运动的性质和能量可以从其公共领域的活力中获得。

然而，说到向大众赋权，一旦公众舆论同宣传联系起来，问题也随之而生。随着大众媒体获得主导地位，民众斗争便开始将权力让予同官僚制福利国家有关的组织和专家。新的文化机器日益重视共识并收缩辩论范围。哈贝马斯在他的全部研究生涯中始终专注于民主意志的形成所扮演的角色。他最初支持20世纪60年代的学生运动是有原因的。他也持续相信，一个经过改造的公民社会或许还能抗衡工具理性不断提升的主导地位:《合法化危机》(1975年)一直是他最为重要(即便受到忽视)的著作之一。但哈贝马斯对解放话语和政治参与的首要性的重视,并不是核心集体多数成员的共识。在他们看来,"只有商业创造的词汇"占据着主导地位,尝试大众启蒙只会导致大众欺骗。

物化持续保持着对公共生活的控制。不只如此——虚假条件的本体论危及主体性以及个人做出道德判断的能力。对幸福意识的力量进行反抗因此转变为道德要务。至少法兰克福学派是这么认为的。问题仅仅在于这样的反抗意味着并且会带来什么。如果全面管制的社会是真正全面的,能够整合并驯化所有批判行为,那么政治行动的前景便是晦暗的。作为政治实践的反抗就是一项毫无价值的事业。否定是唯一可行的选择,否定辩证法必须对批判事业做出界定。相形之下,如果有组织行动能被证明是有效的,那么这个体系就不是全面管制的,由于存在有意义的备选办法(就政策和计划来说),也就需要不同的批判方法。将全面管制的社会视为一种固有趋势无助于解决问题:否定辩证法和实践理论是相互排斥的选择。

包容与公共生活

讽刺的是,伴随社会研究所于1947年迁回德国,它的核心集体转而成为真正的公共知识分子。马克斯·霍克海默成为法兰克福大学校长。怀着对共产主义和催生纳粹主义的社会分裂的担忧，他既支持越战，也成为学生运动的坚定批判者。与此同时，赫伯特·马尔库塞和埃里希·弗洛姆在20世纪60年代和70年代成为知识界的超级巨星。他们都认同新左派，并且公开支持涉及社会正义、反帝国主义、人权、废除核武器以及限制军工联合体的运动。

至于于尔根·哈贝马斯，他关于当代政治问题的文章被众多书籍收录。作为教育改革和新左派的早期支持者，尽管尖锐地批评其过激行为，哈贝马斯还是始终赞赏其投身激进民主和社会正义。甚至T. W.阿多诺也成为公众人物。众所周知，他猛烈地批判时常以他本人的激进学生们为代表的新左派，为力图澄清他的观点接受了许多电台采访并写出通俗文章。他甚至在《地上的繁星》（1953年）中对占星术进行了尖刻的分析。

如果说法兰克福学派介入了公共领域，当然有理由问这是否说明开放社会并不存在。包容显然拓展至对全面管制社会的批判。这种情况可能会引发概念混乱。赫伯特·马尔库塞在随后的论文《压迫性宽容》（1965年，或许是他最声名狼藉的一篇）中试图探讨这个问题。在这一作品中，他坚称古典自由主义宽容概念已经失去了它的激进特征。

一旦与对宗教偏见和政治权威的批判，与实验以及与做出判断联系起来，宽容便成为维持现状的堡垒。马尔库塞的论证又一次依托于媒介即讯息这一观念。就文化产业在公共论坛中围绕任何问题提出的所有立场而言，它们最终看起来都具有相同的价值。文化产业所表现出来的宽容因此导致所有真理主张成为相对性的——或者更确切地说，接受它们变成了品味问题。这时，不仅美，而且**真理**也取决于观察者的眼光。发生在艺术上的问题也发生在话语上。两者都从属于商品形态，由此质的差异转变为单纯的数量差异。在考察帝国主义与战争或对于福利国家和神创论的抨击时，某一种态度与其他态度并无高下之分。大众媒体使得反抗不比支持更为合理。

压迫性宽容乃是真实的现象。福克斯新闻就是这一概念的生动体现，但它并没有减轻马尔库塞文章的相关问题。首先，宣称宽容丧失了激进的棱角与声称宽容具有压迫性是有区别的。政治重点也放错了地方。真正的问题从不是压迫性宽容，而是**对宽容的压迫**。审查制度依然盛行，而且从历史上看，当公民自由在发达工业社会受到限制时，左派总是遭受最沉重的苦难。

对于评判审查对象的标准、建立审查机制所需要的官僚机构或者这一官僚机构发展的可能性，马尔库塞的文章鲜有涉及。它也忽略了文化产业如何时常抨击不宽容以及反动的价值观：《全家福》及其主角阿尔奇·邦克开创了一股潮流。电视情景喜剧如《考斯比秀》和《美好时光》或《威尔和格蕾丝》和《艾伦》或许没有批判性地描绘被压迫群体和被污蔑群体的"真实生活"。但它们在为之服务的更广泛的道德和政治议程上是进步的。讨论次级群体所取得的成果的整合，或者讨论它们如何强化了体制，只是在回避问题的实质：这些成果是否受到驯化，或者体制本身是否被迫做出适应和改变？

马尔库塞的《单向度的人》突显了将技术转向克服匮乏和安

抚生存带来的可能性。然而，发达工业社会依然建立在资产阶级（购买劳动力并控制生产资料）和工人阶级（出卖劳动力并处于同生产资料的异化关系中）利益的结构性矛盾之上。但这一客观矛盾并没有在主观上得到这样的认识。由于共产主义真正的不足之处、西方资本主义的表面富足以及——也许最重要的——文化产业，工人阶级一方缺乏政治觉悟。

马尔库塞在美国推广了这一概念。事实上，如同法兰克福学派的其他成员，他深切地关注文化产业如何预制经验并使批判思考失去效用。他的观点显然建立在《启蒙辩证法》的基础之上。那些应该将性冲动和赋予生命的冲动在美学上升华为艺术的东西，反而被文化产业改变为进行自我调整以适应商业逻辑的作品。"压抑性的去崇高化"耗尽了它的解放和批判潜力。个人只得依靠他们自身的资源。孤独和异化导致对文化产业愈加依赖，也参与着幸福意识。流行艺术在削弱发挥乌托邦想象的心理能力的同时，强化了这一系统。一件艺术品的流行带来的是它的垂死挣扎。

但是，一件作品的流行是否必然会导致其批判性或艺术激进主义的丧失？表面上接连不断的毫无缘由的反叛印证了阿多诺提出的"叛逆的顺从"，肤浅的犬儒主义以及对于假想阴谋的伪英雄主义斗争体现出保罗·皮可尼——将批判理论带到美国的《终极目标》杂志的机敏主编——所称的"人为的否定性"。

不过，查理·卓别林、鲍勃·迪伦、弗朗西斯·福特·科波拉等艺术大师当然并非如此。只有根据通常定义否认他们的艺术地位，指责他们作品的艺术价值才是可能的。而这就是霍克海默、阿多诺乃至马尔库塞——尽管有些变化——的看法。这是唯一符合《启蒙辩证法》和《单向度的人》中物化观点的立场。

法兰克福学派提供了解释，确定了标准，也引入了勉强的理由。但最终，没有一位流行艺术家得到过法兰克福学派的支持。多数成员完全不喜欢大众文化。他们对此并不上心，也对其成就不感兴趣。阿多诺在《最低限度的道德》中指出："尽管满怀警觉，每次去看电影都会使我更愚蠢、更糟糕。"他随后会修正这一说法。但同样笼统的判断、同样宽泛的指责，也出现在他众所周知的文章《论爵士乐》（1936年）之中。阿多诺从未澄清他所谓的"爵士乐"是何含义。但是，它是指特定的类型还是一般而言的流行音乐是无关紧要的。他的文章无助于理解具有自身标准的传统究竟是什么。文章对爵士乐的现场体验鲜有讨论，较少论及其同蓝调的关系，更少讨论其源起或其对于种族主义和贫困所主宰的生活的再现。《论爵士乐》满足于指出由所谓虚幻的即兴作品引起的心理退化和个性丧失，以及由如今（非常有趣）甚至不如古典音乐受欢迎的大众现象所导致的简单化的切分音。

《论爵士乐》呈现出一种强烈的文化悲观主义。它基于一般性的主张，没有涉及艺术家或艺术作品之间的区别。也没有进行比较，比如路易斯·阿姆斯特朗与保罗·怀特曼，或杜克·埃林顿与其效仿者。由一批优秀女歌手诠释并再诠释的伟大歌曲也只字未提。

在这个意义上，阿多诺的论文事实上反映出装点了《启蒙辩证法》的全面管制社会的无差别形象。由贝西·史密斯、埃塞尔·沃特斯和比莉·霍利迪演唱的那些歌曲的歌词显然不会唤起真正的反抗。然而,反抗应该具有的含意依然如同以往一样含混不清。同样的情况也适用于政治。甚至马尔库塞也承认了这一点,他在《单向度的人》中写道:"社会批判理论并不拥有能弥合现在与未来之间裂缝的概念;不作任何许诺,不显示任何成功,它只是否定。因此,它想忠实于那些毫无希望地已经献身和正在献身于大拒绝的人们。"①

---

① 译文引自[美国]赫伯特·马尔库塞:《单向度的人:发达工业社会意识形态研究》,张峰等译,重庆出版社1993年版,第216页。

第七章
大拒绝

批判理论是20世纪60年代欧洲学生运动的重要思想动力。然而在美国,批判理论绝大多数影响深远的作品直到20世纪70年代才得到翻译。当时《终极目标》和《新德国评论》等杂志开始拥有读者,也开始宣传其最重要的代表人物。关于异化、支配自然、倒退、乌托邦以及文化产业的复杂观点使批判理论更贴近年轻知识分子,他们在动荡的年代走向成年,正视图理解身边在发生什么。但青年的反叛和团结借助了文化产业。这使其激进特征更为真实。即使在奥斯威辛集中营之后,艺术也并不是一项失败的事业,这一点很快便显而易见了。文化与幸福意识的联系从来没有——或者还没有——像某些人也许愿意相信的那样绝对。

新感性

20世纪60年代,激进人士依然在马克思主义语境下理解批判理论。赫伯特·马尔库塞坚持认为,改变发达工业社会需要工人阶级采取行动。但他感到,工人阶级的观念已经受到文化产业、经济收益以及政治权威的操控。革命意识只可能在其阶层之外产生。妇女、有色人种、体制边缘的反帝国主义运动、知识分子以及不循规蹈矩之人可能为工人阶级提供的不只有革命火花，而且有更难以捉摸的东西：新感性。这些新的革命催化剂体现出安德烈·布勒东最初提出的"大拒绝"。

　　这里，批判理论又一次显示出它同现代主义的联系，布勒东是欧洲先锋派的传奇人物和超现实主义的指路明灯。他呼吁反抗日常生活的固定习惯，要求无产阶级对国家采取直接行动。但布勒东首先支持一种拒绝熟知、一致和传统的艺术形式。他的美学致力于抨击叙事性的和线性的理性。

　　本雅明和阿多诺在20世纪30年代都已对超现实主义着迷。他们也都认同蒙太奇、意识流、顿悟以及无意识的解放。尤其本雅明认为超现实主义唤起了一种"革命陶醉"，它的敌人是资产阶级社会的日常生活。大拒绝被马尔库塞理解为应对发达工业社会的残酷、剥削和非人道价值观的鼓舞人心的反抗。

　　作为他最受欢迎的作品之一，《论解放》认为大拒绝产生了乌托邦感性。声称青年反叛者体现出了这一点，无疑是夸大其词。边缘群体也许从来不是那么边缘。或许更好的说法是新的社会运动迅速发展——部分由于劳动力市场的紧张——剥夺了他们的革命和乌托邦矫饰。他们最大的成就是通过法院和政治立法实现的。但过于犬儒是很容易的。战争和"军工联合体"遭到的反感随处可见。人们对公开透明和民主问责提出激进的要求。林登·约翰逊总统以"伟大社会"计划回应来自基层社区组织和新社会运动的压力。在南方为民权而战的"自由乘客"是局外人。在欧洲和拉美，鲁迪·杜契克和丹尼·科恩-本迪特等激进知识分子的追随者点燃了以工人自治（autogestion）民主理想为标志的1968年大规模罢工浪潮，这一理想又回到了工人协会和巴黎公社。

环境主义、动物权益以及对大男子主义的抨击都是新感性的产物。激进的教育改革结合了文化现代主义者对改造日常生活的要求。性观念和种族关系发生了变化。生活品质作为一个基本问题浮现出来——而且审美观念无疑也发生了改变。新左派表现出对于主体性的高度认同。有色人种、妇女、同性恋和知识分子都试图去理解世界，并衡量自身存在的意义，进而为自身设定目标。新左派运动是将文化转型置于首位的第一波群众运动。正是这一点导致它贴近批判理论和法兰克福学派。

20世纪80年代连同"9·11"之后美国保守派对敌对文化进行的抨击，带来了以民族主义、军国主义和帝国主义为名义的对福利国家和公民自由的全面抨击。马尔库塞在《反革命与造反》（1972年）中预见到了类似情况。他预测到保守派试图破坏与新感性相关联的政治利益和理想。他本人的感性与其说发生了变化，不如说是重点发生了转移。他在最后一部获得出版的作品《审美之维》（1978年）中指出，其"受之于西奥多·W.阿多诺美学理论的恩惠无须任何特别的感谢了"。希望一息尚存——但它正在消退。明显具有政治性的现代主义艺术（如布莱希特的艺术）中体现的大拒绝此时退出了舞台。美学此时应当肯定的不是一场运动的意识，也不是某种新形式的历史主体，而是真正的个人，他们的生存被一些比1968年运动的反叛者所想象的更为强大的力量置于危险境地。

自始至终，乌托邦与其说是既已实现的成果，不如说是对超越的渴望。尤其在文化产业界定公共生活的地方，在概念持续被简化而理想变为陈词滥调的地方，培养这种渴望或许就其本身而言具有了价值。这当然是马克斯·霍克海默在晚年逐渐相信的。他也清楚，个人经验很容易被操控，对超越的寻求之中也并非理所当然地具有批判冲动。既然有毒品、传道者、狂热崇拜，那么也总是会有救赎和幸福的承诺。文化产业靠着幸福蓬勃发展。这种幸福是标准化的，并且被预先包装好。但真正的幸福是向悲惨的现实做出抗争。它只讨论特定个体的经验，如宗教的恩典观念。

在《自我与自由运动》（1936年）中，霍克海默坚称无条件的幸福不可能存在——只可能存在对它的渴望。这种渴望拒绝了商品形态和工具理性将定性转变为定量以及将神圣转变为世俗的所有尝试。我们每一个人对于不朽、美、超越、救赎、上帝——或霍克海默最终提出的"对全然的他者的渴望"都有本能欲望。他不作任何承诺，不描绘任何仪式，也不提供任何教派。但这种渴望为反抗全面管制的社会并肯定个性提供了基础。对于全然的他者的渴望完全不同于有组织的宗教。然而，它对否定的依赖结合了它对天堂的希望以及在经验上肯定自性的能力。

恩斯特·布洛赫曾经提出，真理是一种祈祷。而无法表达的东西也许最好以音乐来表达。它提供了同我们内心深处的避迫。同样，在经典的《新音乐哲学》（1958年）中，当阿多诺坚称暗示"某个人的回归"是"所有音乐都可以表达的，即便是在一个理应衰亡的世界"时，他显然指的是拯救。所有这一切都倾向于以一种方式将否定和乌托邦与存在经验联系起来。剥去所有的决心和调和，宗教、艺术和哲学可以引出（尽管没有定义）清晰和希望的暗示。黑格尔认为，历史的进步使心灵的这些领域越加泾渭分明。但这种观点被法兰克福学派颠倒了。宗教、艺术和哲学此时在他们提出的无法表达的真理中几乎是可以互换的。

无论它们之间存在什么差异，都没有任何实际意义。自由是模仿不了的——如同上帝——地狱也是如此。当阿多诺提出"奥斯威辛之后再无诗歌"这句《文化批评与社会》（1951年）经常被引用和修正的结语时，表达的正是这种态度。犹太教的宗教训谕此时具有了美学形式。邪恶的化身如同善良的化身一样，只能被暗示，无法被描绘：上帝的任何客观化都不可能足够完美，而大屠杀的任何客观化也不可能足够骇人。当阿多诺在《最低限度的道德》中写下"文化只有从人那里退出，才能对人忠诚"时，提出了这一态度的激进含义。

拥抱否定

法兰克福学派流露出欧洲现代主义气息。从19世纪最后25年直至1933年纳粹取胜，似乎一个国际先锋派一直在对抗新兴的大众社会及其显著的官僚主义、标准化、科学理性以及商品形态。无数印象派艺术家、立体派艺术家、表现主义者、未来主义者、达达主义艺术家以及超现实主义者都试图重新体验世界。他们以乌托邦想象和个性解放的名义通过铺天盖地的哲学-美学宣言向所有有关艺术的"现实"目标的东西发起进攻。反抗从政治领域转移到文化领域。或者就法兰克福学派来看,哲学提供批判性思考的部分与美学所强调的体验热情相融合。否定成为先验反抗的节点,主体性在此向虚假条件的本体论提出质疑。

　　法兰克福学派始终对组织化政治保持怀疑。其异化和物化观念中固有的看法是,将理论同实践联系起来只会推进可怕的简单化计划。反智主义的危险似乎显而易见,在《批判模型 II》(1969 年)所包括的《屈服》及其他文章中,阿多诺表达了他对那些声称"已经说够了"的人们的轻蔑。考虑到文化产业呈现实践活动的方式,他们希望"参加"的实践永远都并非足够激进。年轻人需要从极权主义运动及其宣传机构和对个人的蔑视中吸取教训。肯定个性是对全面管制的社会的最佳回应。但所有这一切都有某些自利的成分。

　　证明目的与手段之间似乎具有合理联系的活动,与行动本身或阿多诺所谓的"行动主义"不是一回事。理论当然不能简化为实践。但这并不意味着它应该将阐明变革的限制和机会抛诸脑后。政治行动并不总是引起反思,这是重要的一课。阿多诺教授这一课是对的,但他对"思考"的号召听起来如同迂腐的中小学教师发出的严厉指令;这成为高居争论之上的代名词。

屈从始终保持原样，即拒绝参与，并且退出有组织的体制改革计划。

阿多诺收录在《文学笔记》（1969年）中题为《参与》的文章，是对贝尔托特·布莱希特和让-保罗·萨特的直接抨击。他们都同情共产主义，也都强调有必要将文学与关于政治潮流的党派观点联系起来。萨特在《什么是文学？》（1947年）中写道，没有一本伟大的小说能支持反犹主义。着眼于布莱希特的说教式剧作，比如《决定》（1930年）中的著名语句"党有上千只眼睛，我们只有两只"，阿多诺反驳道，也没有一部伟大的小说可以赞扬莫斯科审判。他一直认为，政治参与文学这一观点是自相矛盾的。它既不能对总体性进行批判（因为艺术作品在政治上总是党派性的），也不能提供任何有意义的乌托邦展望（因为真正的幸福始终超然于对象化）。

描绘一个完全管制的社会——一个没有出路和意义的噩梦般的官僚主义世界——中主体性被摧毁的能力，恰恰使弗兰兹·卡夫卡的作品对这一派批判理论产生重要影响。卡夫卡总是有些难以捉摸的东西。是什么呢？不仅是主体性，无论是人物的，还是旁观者的，而且还有激发它的方式。

《美学理论》（1969年）提出了抵制一切对象化的主体性、自由和乌托邦诸概念。阿多诺的巅峰之作——显示了他的非凡智慧并证明了他持久的吸引力——强调了作为社会单体的艺术作品中产生的紧张关系。康德认为审美体验表现出一种有目的的无目的性，因此存在于相同的现象之中，这种现象按照马克思的看法表现为特定的压迫形式。形式与内容、反思与经验、技术与灵感、乌托邦希望与人类学的否定之间的冲突都融入这部作品之中。艺术作品因此是冲突的张力的"力场"。批判美学应当强调这些张力。它的真正目标不是通过对人物、叙事和主题的某种常见认同建立对世界的共同认识，相反是强化经验。根据阿多诺的看法，这就是艺术的典型瞬间是"焰火"的原因。

没有多少艺术家有能力创造这一瞬间，而阿多诺论塞缪尔·贝克特一出戏剧的文章《理解终局》（1961年）既是对戏剧技巧的精辟研究，也是对他的总体美学观的精湛概括。贝克特创造了一个幻想的世界，每个人的体验都不尽相同。它的"事实内容"表现为它对物化和异化世界的美学形式的反抗。然而，它得到的反应的特点是无法言传的：对于每一位观众来说，它都是独一无二的。

对全然的他者的渴望无疑使这种渴望本身被感知到。阿多诺当然知道这一点。他毕竟从本雅明那里了解到，美学批判建立在（无望的）救赎希望之上。浪漫主义者和保守派仍然倾向于相信的美好的过去是不存在的。贝克特的《幸福时光》（1961年）以其人物最终被埋在沙里直到脖子却还沉湎于回忆从未发生的过去，对这一看法提出了强烈的控诉。贝克特的这两部戏剧在舞台表现和对话上都是极简主义的。应该指出的是，阿多诺总是试图避免对于美学形式的运用退化为形式主义，避免乌托邦渴望沦为非理性主义。他做出的修正在于将作品与虚假条件的本体论批判地联系起来，并拒绝所有正确地生活在错误生活中的轻率尝试。

《否定的辩证法》(1966年)就是这项事业的哲学表达。它的出发点是建立在《黑格尔:三篇研究》(1963年)基础上的理念论元批判。历史与自由的背道而驰再次成为讨论的中心。个人和社会之间不可能有预制的和谐。在主体和客体之间建立同一性是自欺欺人。历史是非自由的领域,是对全体性日渐增强的征服,是需求和工具理性对幸福和主体性的胜利。对进步征程的信念因极权主义的胜利而破灭。以通用术语对个人进行概念化从一开始就是一个错误。

　　康德被这个看法所驱使。黑格尔和马克思也不例外。他们

图8　根据T. W. 阿多诺的解释,塞缪尔·贝克特的《理解终局》激发了主体性,从而可以抵抗全面管制的社会。这张照片呈现了剧中的一个场景

的目的论观点以带来注定失败的主、客体统一的名义,似乎证明每一次牺牲都是正当的。无论是被世界精神还是工人阶级征服,个人的经验锚地都会荡然无存,而且事实上被剥夺了权力。

《否定的辩证法》和《黑格尔:三篇研究》向这套设想提出了质疑。它们都表明,那应当带来更加积极的自由决定的黑格尔式"否定之否定",事实上由于日益严重的物化而破坏了自主性。阿多诺的这些著作本身确证了否定,而没有涉及对于进步的任何历史的理解。解决个人与社会之间的紧张关系是不可能的。试图提出解决办法是一项有违初衷的事业。相反,否定的辩证法坚持主体与客体、个人与社会以及特殊与普遍的非同一性。然而,非同一性不能简单地予以声明。需要以批判性思考解释非同一性如何在特定情况下体现出来,以及特定经验如何避开了客观化。

阿多诺在1965年的一次讨论《否定的辩证法》的演讲中澄清了这一点:"哲学是通过调和以及情境化来言说不可言说之物的矛盾努力。"对全然的他者的渴望促成一种处境,在这种处境中概念必须不断设法把握非概念性的东西。阿多诺的观点与贝克特的《难以命名者》(1953年)中"我不能继续下去,我将要继续下去"①的观点之间的联系是显而易见的。

反抗包括拒绝虚假条件的本体论,而不认为它是可以改变的。哲学的反抗也与美学和宗教反抗融合到一起。黑格尔并没有得到新的理解,而是被彻底否定:他的"绝对理念"三个阶段之

---

① 译文引自王雅华:《"小说"的终结和"文本"的开始:贝克特小说〈怎么回事〉之后现代写作特征解析》,载《外国文学》2013年第1期,第51页。

间的本质差异被废弃。只剩下对自由难下定义且不甚确定的渴望进行反思,激发这种渴望的是否定它能够实现的现实。这里还有团结的最后一丝踪迹。元批判没有为能够在商品形态、官僚科层和文化产业主导的世界中具体促进(或抑制)团结的机构或组织留有任何空间。

因此,团结如同反抗一样采取了一种新的形而上学的形式。历史唯物主义的逻辑内在地支持这样一种变化。社会民主主义遭到驯化,文化产业使人们无法设想出一个变革的代理人。现实本身要求将形而上学置于唯物主义之上。阿多诺因此能在《否定的辩证法》中写道:"一度似乎过时的哲学由于那种借以实现它的要素未被人们所把握而生存下来。"①

---

① 译文引自[德国]西奥多·阿多诺:《否定的辩证法》,张峰译,重庆出版社1993年版,第1页。

第八章

从退却到新生

批判理论最初试图替代形而上学和唯物主义的主流形式。它的目标是阐明压迫背后的根源和遭到忽视的变革的可能性。然而，随着第二次世界大战的爆发，法兰克福学派得出的结论是解放的替代方案已经消失了。批判理论在黑格尔的所有牛在其中都是黑的那样的黑夜中醒来。[①]反抗呈现出越来越具有存在主义色彩的形式。它此时的基础是个人与社会之间非同一性的强化。"体系"成为参照物。否定面对着虚假条件的本体论。乌托邦的暗示与文明展开角逐。"他要么一切都想要，要么一切都不要。"布莱希特曾经写道，"面对这个挑战，世界通常回答：那最好什么都不要。"

社会批判理论

法兰克福学派最早在美国受到欢迎，是因为吸引了其第一位历史学家马丁·杰伊所谓的"1968年的一代"。直至20世纪80年代后期，批判理论在主流学术圈仍然被认为是异类，甚至在进

---

① 译文参考［德国］黑格尔：《精神现象学》（上卷），贺麟、王玖兴译，商务印书馆1981年版，第10页。

步知识分子中间也被认为有些异乎寻常。然而，随着新左派的衰落，法兰克福学派逐步被纳入学术界当中。批判性法律研究、批判性种族理论、批判性性别研究开始质疑占据主导地位的范式与观点。不过，伴随下层群体从公共生活的暗影下浮现出来，对一个一体化统治体系的全面抨击开始减弱。新的重点放在对抗宏大叙事和公认的西方传统准则上，乃至对抗大众文化也混入其中。社会批判理论及其一致性逐渐陷入危机。它的变革目标采取了越来越随意的形式。

应对现代社会中的帝国主义剥削、经济矛盾、国家、大众媒体以及反抗特征的新方案尚未产生。否定论给批判理论蒙上了一层阴影。黑格尔和马克思的思想继承人此时对权力缺乏理解，以至于没有能力应对权力失衡。法兰克福学派一些更受忽视的作品中存在着纠正措施。

诸如弗里德里希·波洛克的《国家资本主义》（1941年）等文章提供了一个出发点。它对计划经济的分析促使我们思考关于自由市场的讨论是否是时代错误，而国有化的传统概念是否等同于社会主义。奥托·基希海默的《限定条件与革命突破》（1965年）警告现代国家趋于使应急权力"常规化"。赫伯特·马尔库塞和弗朗茨·诺伊曼身后发表的文章如《社会变革学说史》和《社会变革理论》讨论了真正的社会批判理论必须面对的预设。

批判理论的当代哲学和文学分支通常将权力作为一种人为的社会或语言结构加以对待。积累过程消失了，体系拥有了自己的生命，个人要在缺乏任何机构或组织参照的认同或关怀理念中，为团结寻找一个共同的基础。由此，统治与剥削相分离，原则与利益相脱节。于尔根·哈贝马斯为批判理论中明显的形而上学和主观趋势提供了替代选择。

在他看来，沟通的天然基础是话语的开放性、对每一个参与者平等地位的承认以及每一个人面对更好的观点时改变其想法的意愿。简而言之，沟通不需要某种与实践相分离的形而上学道德标准。它拥有自身的"普遍语用学"。或者换一种方式说，正是在强烈的沟通意愿下，沟通的道德标准在促进一致性的同时，保持着自主性。那些拒绝这种道德规范的人，或那些随意行使权力的人，也就拒绝了他们用来进行劝导的方法：从哲学的角度来讲，他们发现自己陷入了一种"践言冲突"①。

但批判理论的形而上学转向抵制了——或者更确切地说吸收了——哈贝马斯的挑战。《罗伯特议事规则》体现了相似的原则。当然，这部指导公众集会的手册是否得到参与者的认真对待是另一回事。普遍语用学的实际贡献并不是不言自明的。沟通的道德标准允许自由主义者和理性主义者无论何时避免陷入践言冲突，都可以自我称许。然而，他们的众多政敌在衡量真理主张时，将直觉和经验放在首位。另一些更极端的人对真理主张完全不予关注。这些人中的绝大多数在陷入践言冲突时大概都会回答道，那又如何？

向权力讲真理的前提是能够使真理看得见——并且摸得着。

---

① 译文参考韩东晖：《践言冲突方法与哲学范式的重新奠基》，载《中国社会科学》2007年第3期，第67页。

《权威人格》（1950年）在这方面提供了重要的帮助。这部由阿多诺和其他各位合作者编辑的著作注意到个体之间的心理差异，要求不仅着重对反犹主义者而且对一般的狭隘和偏执人格进行再教育。其作者使用诸如著名的"F量表"或"法西斯量表"之类的经验技术，阐明了反动性格结构，并对其后果予以谴责。他们着重指出权威人格如何对局外人、新来者以及异己者表示轻蔑。他们突显出其对暴力的偏好，并呼吁采取促进宽容的政策。

当然，乍一看，这一点出自否定辩证法的创立者是有些奇怪的。这项研究带有大众教育和适应既有标准的味道。此时似乎有可能去干预在其他地方被视为毫无漏洞的整体。但随后的警告是，权威人格和非权威人格的差异与其说是类型上的，不如说是程度上的。它们之间的本质差异看起来更加虚幻，而非更加真实。作者们在接受改革和否定改革效用之间摇摆不定。

阿多诺在《社会学导论》（2000年）及其他著作中表明了他对公民消极被动的反对和对进步改革的支持。但代理人问题在理论上仍然悬而未决。他也从未讨论改革对于全面管制的社会或虚假条件的本体论的影响。说阿多诺本应对资本主义下的交换关系进行批评，并没有改变问题。全面管制的社会及其所需要的真正的否定，都与任何得到普遍接受的政治行动理念隔绝开来。因此，在《理论、实践和道德哲学》（2001年）中，阿多诺可以设想一种"抵制实用性召唤"的新的实践形式，正因为它拒绝任何工具性运用，由此"自身包含着实用元素"。或者更简单地说，理论成为了实践——尽管它不需要为解放社会做出任何具体的贡献。

图9 位于伦敦的卡尔·马克思墓碑上的著名碑文中可以发现批判理论新方向的来源:"哲学家们只是解释了世界。问题在于改变它!"

批判理论的形而上学转向，连同全面管制的社会和虚假条件的本体论等范畴，都需要加以审视。法兰克福学派关于前者的经验主张是站不住脚的，对后者的哲学依赖也无助于使它们立足。将作为革命代理人的无产阶级排除在外并没有带来一个全面管制的社会，而是导致精英阶层——或者说统治阶级——围绕特定社会政策、文化价值观以及体制发展发生分裂。这些问题对劳动人民和下层群体的影响截然不同。马克思所谓的资本的政治经济学与劳动的政治经济学之间仍然存在对立。

以一个与全面管制的社会相似的概念之名忽视真正的意识形态和物质利益冲突，妨碍了以有意义和创新的方式解释事件的能力。其中涉及的远不止沟通上的误解或陷入危机的生活世界。有意义的团结概念适用于社会当中的实际冲突。事实上，如果不将这些概念放在首位，反抗和统治都会失去它们的历史特殊性，因此也会丧失具体性。它们不过成为又一对词语。

异化和物化曾经涉及统治经验，并涉及变革实践的必要性。如今它们主要充当不作为的借口。在我看来，为了再次突出这些概念，重点在于对它们进行区分。大概最好由如下方式开始：青年马克思为克服分工并重新确立人对生产过程的控制，为异化下了定义。

不过，异化在20世纪接受了其他内涵。它开始变得难以捉摸并坚定不移地与内疚、恐惧、死亡定数和无意义的感觉联系在一起。对异化的唯一回应是乌托邦，或者进一步说是存在问题，这些问题困扰着我们以及我们的存在的人类学基础。相比之下，物化应当被认为是可以相互替代的——也是社会行动的目标。它所展示的与其说是先进工业社会的架构，不如说是其运作方式产生的影响。工具理性不过是一种有效解决匮乏问题的数学技巧。它可以向前资本主义偏见的受害者赋予权力，如同它可以将工人降格为生产成本、将人类贬低为可支配资源一样容易。

重要的不是官僚主义和工具理性的形式特征，而是决定它们如何被利用的（通常隐藏的）价值观和利益。批判理论应该仔细研究有意义的目标，或者更应该审视塑造着我们的生活的政策和制度中所包含的不同的优先事项和利益。对工具理性形式特征的执著本身就是一种物化的表现，它削弱了对于科学及其方法的解释。

批判理论最初通过将社会研究从对自然的研究中分离开来直面正统马克思主义。然而，从认识论的形式主义角度看待工具理性弱化了这种区别。尝试将科学理论和技术创新置于背景中进行社会学研究是合理并且重要的。然而，对于一种规范理论而言，判断科学理论和技术的内部运作是另一回事。粗略地说，批判理论可以为诸如爱因斯坦提出的相对论的历史成因和社会用途提供卓有成效的视角，但它不应试图对其真理性做出哲学判断。

批驳物化并不能抹杀对于专业知识的需求以及了解人们在谈论什么的能力。一门新科学，尤其是缺乏验证其真理主张的标准的新科学，关于它的乌托邦看法也由它们反对的物化定义。批判理论最好建立在卡尔·波普尔于《科学发现的逻辑》（1959年）中提出的"可证伪性"概念的基础上。20世纪60年代，法兰克福学派与其更倾向于科学的对手之间激烈的"实证主义论战",从许多引人关注的角度探讨了这一问题及其他问题。然而,对于将科学的真理主张视为暂定的并可根据未来研究加以修改,批判理论的拥护者通常倾向于低估其方法上的重要性和现实意义。事实上,这一立场恰好符合批判事业。

可以肯定的是,科学范式及其验证事实主张的标准将随着时间的推移而改变。甚至"范式转变"也将发生。托马斯·库恩在他的名著《科学革命的结构》(1962年)中指出,它们之所以会发生是因为遇到了旧的科学方法无法充分解决的新问题——并不是因为哲学家们基于一种难以表达的乌托邦愿景参与了对科学的某种抽象控诉。

相比之下,清晰的乌托邦方法也许会有所裨益。在不抛弃自然科学但同时限定其概念适用性的情况下,恩斯特·布洛赫的《阿维森纳与亚里士多德左派》(1949年)以对亚里士多德的重新解释为基础,提供了一种新颖的关于自然的宇宙观。这部著作突显了亚里士多德被忽视的理解生活世界的潜能和活力理念,利用阿维森纳和阿威罗伊将自然的创生能力(能动的自然)与其经验表达(被动的自然)并列对照,形成了一种生态系统观,随后对现代生态学和环境主义产生深远影响。

布洛赫认为自然不可以简化为它的经验成分(这正是资本主义理性所假定的),它还是人类维持生命的要素。传统的科学理性有它的位置,但自然界中的宇宙学原理为工具理性所能确定的事物设置了界限,并为其应用设定了道德优先次序。生态系统成为耕作和储藏的根据。认识到隐藏在自然的客观表现背后的自然主体或自然维持生命的能力，是真正的激进主义和任何有意义的乌托邦观念的先决条件。因此，布洛赫对唯物主义的思辨性探索无论有何问题，都具有社会意义：它的批判对具有如此破坏性影响的既有环境假说提出了积极的观念上的回应。

参与批判不一定需要在人类学上与现实决裂。要评估任何特定问题的备选方案，就需要制定规范。但规范如果不与往往彼此冲突的利益以及实现这些利益的能力相联系，就只能停留在抽象意义上。权力是现代社会一个无法摆脱的要素。它既不是人为构建的，也不是意志的随意决定。它的协调和限定规定着社会的性质及针对它的政治反应。自由再次成为对必然性的洞察。

弗朗茨·诺伊曼在他的经典文章《权力研究方法》（1950年）和《自由概念》中间接提到这些问题。他注意到，现代社会面临的问题与其说是对政治权力的限制，不如说是对它的合理利用。只有做出这一区分，才有可能防止物化理论本身逐渐被物化。批判始于它对自由的信奉。然而，要使这一点具体确凿，理论就需要涉及权力问题。正如机构可能保有过多权力，它们也可能保有过少的权力。相互竞争的制度设想会提供不同性质的政策选择。要区分合理和不合理的权威和政策形式，就必须有标准。它们应当由一套真正的社会批判理论予以提供。

启蒙政治

启蒙理论与实践的关注重点是限制制度性权力的任意行使、

促进多元性并使个性得以发挥。贯穿于过去那些伟大的进步运动的不是"大拒绝",而是这一系列的道德和政治主题。社会主义工人运动、民权运动、妇女解放运动、东欧的运动以及全世界的宗教和曾经的被殖民世界中最为民主、平等的浪潮,莫不如此。道理显而易见:要激发批判理论的变革目标,就需要修正其对启蒙遗产以否定为主的看法。

瓦尔特·本雅明的《德意志人》(1933年)或许提供了一个起点。该书由他多年收集的书信组成。它们并非出自名人手笔,而是他们的朋友、亲人或同伴写来的。这是一些受到启蒙理想启发的普通人,比如康德的兄弟或歌德的密友。这本小书对共识予以指责。启蒙超出了知识分子的小圈子。它的政治观念和文化关怀向一些人发出召唤,他们在寻求一个更为合理、更加自由的世界。

法兰克福学派完全错误地认为启蒙运动——或者更确切地说是其科学理性——应该被解释成是得意扬扬的,或者是与其对手的理论和实践相隔离的。启蒙思想一直以来都是防御性的。情况始终如此。从19世纪早期的"一无所知党"到"三K党",再到"美国第一论者",直至我们这个时代的"茶袋抗议者"①,美国事实上遭受了理查德·霍夫施塔特所说的其政治中的"偏执"压力之苦。对世界大事极其浮光掠影的一瞥,进一步证明了这一评判是有道理的。人权、宽容、世界主义理想(乃至科学)几乎在各地都遭到宗教狂热、文化地方主义以及专制反动势力的围攻——

---

① 此处译文参考陈正伦:《从社会文化角度看 Tea Party 政治运动术语的汉译》,载《宜宾学院学报》2012年第1期,第100—101页。

或者至少是挑战。

恩斯特·布洛赫的《我们时代的遗产》(1935年)提出，现代性引发了憎恨，导致前现代选区的选民转而支持原始价值观，他们感到身受现代性影响的威胁。在分析法西斯主义时，他考察了多个社会领域中存在的矛盾，这些矛盾从一个时期被带到下一个时期，并在这个时期中呈现出新的特征。举例来说，如果说资本主义社会是由特定的阶级利益冲突塑造的，它还是展现出前资本主义的（因此是非同步的）性别歧视或种族主义甚或领导权问题，这些问题需要以往未曾预料到的解决办法。即便仅仅出于这个原因，未来也永远是开放的。这个看法需要告诉人们的是，现代性在政治和意识形态上的反对者仍然能够获得权力。

在抨击启蒙运动时，法兰克福学派忽视了以赛亚·伯林爵士率先提出的反启蒙运动。保守派中的杰出人士，比如约翰·格奥尔格·哈曼，在知识水平上要逊色于他们的自由派对手。他们使自己暴露成如此专断、狭隘、顽固之人，以至于如今几乎不值得被阅读。而忘记了他们，法兰克福学派对启蒙运动提出的批评便最终被证明是有所扭曲的。这一现象是根据背景并以理论上的参考标准来加以判断的。

自由共和主义和民主社会主义都源于启蒙运动。在那些质疑不负责任的机构行使强权的人中间，启蒙运动的热心拥护者站在了前列。而他们也通过抨击基本的暴行、宗教教条主义、无知、迷信、仇外以及不礼貌行为，为公民社会的转变做出了贡献。启蒙遗产只是在其社会和政治意义上有所收获。有三个基本政治观点需要批判理论加以考量：

（一）启蒙运动的诸理想表现出一种与反权威运动有选择的密切关系。左翼运动倾向于将世界主义置于地区主义之上，将理性置于直觉之上，将怀疑置于传统之上，将自由置于权威之上。唯一合理的是，右翼运动应该接受反启蒙运动。两大运动从一开始就处在对立之中。启蒙辩证法是一种幻想。

（二）启蒙运动的诸准则具有内在批判性。当偏见的受害者要求采取补救行动时必然会提到它们。此外，没有任何习俗或传统能免于审视。甚至许多其最著名的代表人物所持有的个人偏见都遭到了与启蒙运动有关的普遍准则的辩驳。

（三）启蒙运动的诸原则促进了多元主义。它们明确反对整合性民族主义和统一共同体。它们还强调包容、实验方法和自治。只有自由法治是有效的，才有可能谈论对主体性的自由而实际的运用。

所有这一切都没有得到法兰克福学派核心集体的充分认识——其后果在对待大众教育和文化产业方面是显而易见的。在不加区别地对待艺术品和其他商品的情况下，文化产业被法兰克福学派视为审美体验的标准化和主体性的危机。它沉迷于通过不断降低大众口味实现利润的最大化，因此必然会出现文化标准的丧失。大众性将作品整合到体系之中。作品的批判性及其提供一种获得解放的替代选择的能力由此必定减弱。随后只有高度复杂精致的艺术品，可以引出那些被压制的、能够抵抗大众社会消耗性冲动的乌托邦形象和主体体验。

然而，文化产业并没有停滞不前。它的美学创造和技术发明是惊人的。它通过催生众多大众群体促进了多样性——每一个群体都有其自身的判断标准和意图。其许多作品向现状和物化发起挑战。但这还不是真正的要点。坚持主张真正的艺术必须以某种方式质疑虚假条件的本体论，是在怀念乔装为激进主义的研讨室。

批判理论由此使自身面临着嘲讽：其否定论作为解放者出现，却既不能确定解放应该采取的形式，也不能应对被压迫者对压迫的接受。尤其是，对于什么构成反抗，否定辩证法的拥护者完全武断的口吻是公开的，而除此之外，他们似乎从不愿意将任何问题放到台面上。文化始终被用来维护强者的统治和弱者的恭顺。布莱希特在《屠宰场的圣·琼》（1929年）中写道："统治思想是那些统治之人的思想。"然而，法兰克福学派由于在抽象问题上的专注，剥夺了抵抗这些思想的物质参照。

文化机器内部的意识形态斗争仍然是不具体和不确定的。左派的极端民粹主义倾向可能会以使其成为自身压迫的同谋的方式谴责复杂性、忽视标准并抛弃经典作品这一观念。然而，相比于批判理论尚未开发的塑造进步政治意识的潜力，它可能更会受益于较少地强调文化产业操纵艺术的方式。

《周六夜现场》和喜剧女演员蒂娜·菲帮助击垮了州长萨拉·佩林——2008年参议员约翰·麦凯恩和共和党选定的声名狼藉的副总统人选——至少是在这场竞选当中。右翼煽动者当然利用了大众媒体。但是，文化产业最好被视为批判哲学家道格拉斯·凯尔纳所称的"斗争地带"，在这里，带着对立意识形态观念和价值观的不平等的对手之间不断展开较量。或者换一种说法，文化产业是商品生产的一个分支，**可以**证明它对商品生产是具有批判性的。

瓦尔特·本雅明在《机械复制时代的艺术作品》（1935年）中探讨了这些主题。这篇著名的随笔将前现代与现代绘画体验并置在一起。发生在宗教背景之下的与绘画的前现代相遇，沐浴在一种"光环"之中：旁观者认为作品是独一无二的，是真实的，是超越创造它的技术的鲜活象征，并且植根于一种显而易见的传统。复制这一作品的技术能力——想象一下毕加索的画作变成一名大学生装饰墙壁的贴画——剥离了它的光环、独特性、真实性及其在固有传统中的底色。光环的丧失会强化异化的感觉和反动运动的吸引力，这些运动试图提供一种虚幻的归属感。但光环的丧失也可以使作品面对批判性反思或本雅明所说的"高度的冷静"。

随后出现两种可能性：观众要么屈从于情感操纵，在一种不真实的尝试中体验无法再被体验的东西，要么利用批判性思考培养存在意识和政治意识。然而，文化产业的批评者事实上在绝大多数时候都否定这样一种选择：光环的丧失通常被理解为主体性受到操纵的预兆，并且证明艺术疏远了广大公众的品味和兴趣。

娱乐和思考并不总是相互排斥的。另类媒体和网络空间为进步力量提供了新的选择。精于技术也并不一定被证明是自我放纵。备受阿多诺崇敬的卡尔·克劳斯以恶意的嘲讽和如今几乎找不到的语言工具抨击他那个时代的媒体以及墨守成规的知识分子。但克劳斯对于代表着他所处时代的"想象力的失败"的攻击有一个具体的焦点：它针对的是那些无法预想自己文字的实际影响的文化名人。

类似的关注点成为实验小说——虽然极具争议——的标志，比如尼克尔森·贝克的《人类的硝烟》（2008年）。这部关于两次世界大战间隔期以及种族屠杀起源的著作有着成百上千条引文和轶事供读者组织到一幅星图之中，它分析了政治暴力的可怕冲动，抨击了神话偶像，重拾被遗忘的有良知的男女并具体呈现了和平主义的尊严。人们有可能不赞同作者的结论，但不可能忽略他运用的对历史的批判视角或贯穿在他作品中的道德冲动。文化产业内外足够多的大众知识分子都参与构建了新的星图，并且打乱了历史——时常带着政治的目的。

变革的冲动

批判理论最初试图成为一项每个人都可以发挥其独特的学科才能和专长的跨学科事业。它的代表人物强调哲学与政治学、社会学与心理学以及文化与解放之间的关系。他们构想了总体性,并且改变了社会科学、人文学科乃至自然科学解释者看待世界的方式。

法兰克福学派对陈腐的概念提出疑问。他们着眼于文化遗迹、消逝的希望以及霸权文化势力忽视或压制的东西。他们要求那些致力于解放理想的人对新的可能性和新的限制做出回应。他们也暗示需要对理论和实践的关系做出新的理解。这是一份值得保存的令人自豪的遗产——尽管不需要盲目崇拜这种或那种态度或预言。批判理论有新的状况需要面对:世界变大了,与古老文明的新的碰撞已经发生,身份成倍增加,而且——或许是第一次——有可能谈论全球经济和文化体系。

当马克斯·霍克海默接管研究所时,他希望批判理论成为一种公共哲学,而不是又一种满足专家群体需要的学术专业。如果这仍然是目标所在,那么批判理论家就不应再采用纳税表格式的风格,并且需要放弃对大众文化一边倒的分析,这种分析基于一种看法,即大众性——或者说清晰易懂——在某种程度上对作品的激进性天然有害。

只有对公共问题予以质询并对社会阻碍个性发展的方式提供替代选择,才有可能孕育一种激进的公共哲学。批判理论对托马斯·曼率先提出的"权力保护下的内在性"已经沉迷太久。需要以新的目标和方法阐述社会、经济和政治权力的失衡,并且要关注干预的前景。

这样一项事业有赖于阐明既有的意识形态和制度试图隐藏的价值和利益——以便普通人可以对它们加以判断并适当地予

以回应。C.赖特·米尔斯在《社会学的想象力》(1960年)中恰恰提出了这一点。在这部深受批判理论影响的经典著作中,这位著名的激进思想家号召学者和知识分子将"个人难题"转变为"公共议题"。女性已然将乱伦和配偶虐待由私人问题转变为公众问题;同性恋公民主张有必要以立法应对"仇恨罪";有色人种在挑战制度性种族主义;为了使大量权力机构向那些没有被赋权的人们负责,人们业已付出的——和正在付出的——其他努力难以计数。

代理人并没有从世界上消失。激进的社会运动依然存在,但它们因严重而持久的分歧陷入分裂,为资源、忠诚和宣传彼此竞争。参与单独协议的道德经济,对于有组织的利益群体存在着吸引力——以至于作为整体的左派还不如其某些部分的组合。批判理论可以结合新范畴和新原则服务于利益协调,它同样还有其他任务。

民主尚未完成;世界主义遭受着认同的挑战;社会主义需要新的定义;阶级理想仍有待实现。过去的文化遗产依然没有被唤醒;我们对世界的体验还是那么有限;人们的学习能力仍需要有标准来确定要教什么。对于那些散落在历史中的被遗忘的乌托邦碎片,或许依然存在新的拯救形式。参与解决这些问题需要一种具有解放准则的跨学科视野。讨论诸如正义、自由等规范性理想的空间总是存在的。

对于存在的结构和意义的本体论范畴,情况也是如此。但试图表达不可表达之物已经成为一种迷恋,相比于对此予以纵容,批判理论家还有更好的事情要做。最好是辨别出什么是显而易见而非未被认识的、痛苦但可以补救的，以及被压迫却可以赋予权力的。只有以一项多方面的变革计划面对世界，批判理论才能再次显现出它的独特性以及它充满活力的理想的重要性：这理想就是团结、反抗和自由。

译名对照表

A

Adorno, Theodor W. 西奥多·W. 阿多诺
aesthetics 美学
alienation 异化
Althusser, Louis 路易·阿尔都塞
anti-Semitism 反犹主义
Arendt, Hannah 汉娜·阿伦特
Aristotle 亚里士多德
art 艺术
authoritarianism 权威主义
autonomy 自主性
avant-garde 先锋派

B

Baker, Nicholson 尼克尔森·贝克
Balzac, Honoré de 奥诺雷·德·巴尔扎克
barbarism 野蛮状态
Beckett, Samuel 塞缪尔·贝克特
Bellamy, Edward 爱德华·贝拉米
Benjamin, Walter 瓦尔特·本雅明
Bergson, Henri 亨利·柏格森
Berlin, Isaiah 以赛亚·柏林
Bloch, Ernst 恩斯特·布洛赫
Bobbio, Norberto 诺贝尔托·博比奥
bourgeoisie 资产阶级
Brecht, Bertolt 贝尔托特·布莱希特
Breton, André 安德烈·布勒东

bureaucracy 官僚制
Burke, Edmund 埃德蒙·伯克
Butler, Samuel 塞缪尔·巴特勒

C

capitalism 资本主义
class consciousness 阶级意识
consumerism 消费主义
Carnap, Rudolf 鲁道夫·卡尔纳普
class 阶级
Cohn-Bendit, Danny 丹尼·科恩-本迪特
commodity form 商品形态
communicative ethics 交往伦理
communism 共产主义
Communist International 共产国际
concentration camps 集中营
consciousness 意识
Counter-Enlightenment 反启蒙运动
critical theory 批判理论
culture industry 文化产业

D

Dialectic of Enlightenment (Horkheimer and Adorno)《启蒙辩证法》(霍克海默和阿多诺)
Dutschke, Rudi 鲁迪·杜契克

E

Engels, Friedrich 弗里德里希·恩格斯
Enlightenment 启蒙运动
ethics 伦理
European modernism 欧洲现代主义
European radical uprisings 欧洲激进
　起义
Existentialism 存在主义

F

fascism 法西斯主义
Feuerbach, Ludwig 路德维希·费尔
　巴哈
Frankfurt School 法兰克福学派
freedom 自由
Freud, Sigmund 西格蒙德·弗洛伊德
Fromm, Erich 埃里希·弗洛姆

G

Garden of Eden 伊甸园
Gerlach, Kurt Albert 库尔特·阿尔伯
　特·格拉赫
Germany 德国
Goethe, Johann W. von 约翰·W. 冯·歌德
Gramsci, Antonio 安东尼奥·葛兰西
Grass, Günther 君特·格拉斯
"great refusal" "大拒绝"
Grossmann, Henryk 亨利克·格罗斯曼
Grünberg, Carl 卡尔·格吕堡
Gutermann, Norbert 诺伯特·古特曼

H

Habermas, Jürgen 于尔根·哈贝马斯
Hamann, Johann Georg 约翰·格奥尔
格·哈曼
Hegel, Georg Wilhelm Friedrich 格奥
　尔格·威廉·弗里德里希·黑格尔
Heidegger, Martin 马丁·海德格尔
historical materialism 历史唯物主义
historicity 历史性
history 历史
History and Class Consciousness (Lukács)
　《历史与阶级意识》(卢卡奇)
Hitler, Adolf 阿道夫·希特勒
Hitler-Stalin Pact of 1939 1939 年《苏
　德互不侵犯条约》
Hölderlin, Friedrich 弗里德里希·荷
　尔德林
Honneth, Axel 阿克塞尔·霍耐特
Horkheimer, Max 马克斯·霍克海默
Human Smoke (Baker)《人类的硝烟》
　(贝克)
Hume, David 大卫·休谟
Huxley, Aldous 阿道司·赫胥黎

I

ideology 意识形态
individuality 个性
Institute for Social Research 社会研究所
instrumental rationality 工具理性
Italy 意大利

J

Japan 日本
Jews 犹太人

K

Kafka, Franz 弗兰兹·卡夫卡

subjectivity 主体性

T

Telos (journal)《终极目标》(杂志)
theology 神学
Tiller Girls 蒂勒女郎
tolerance 宽容
Tolstoy, Leo 列夫·托尔斯泰
totalitarianism 极权主义
totally administered society 全面管制
　的社会
Trotsky, Leon 列昂·托洛茨基

U

United States 美国
universal pragmatics 普遍语用学
universal reciprocity 普遍互惠
utopia 乌托邦

V

Vico, Giambattista 詹巴蒂斯塔·维科

W

Wagner, Richard 理查德·瓦格纳
Weber, Max 马克斯·韦伯
Weil, Felix 费利克斯·韦尔
Weil, Hermann 赫尔曼·韦尔
Weimar Republic 魏玛共和国
Western Marxism 西方马克思主义
Wittfogel, Karl August 卡尔·奥古斯
　特·魏特夫
workers' councils 工人协会
World War II 第二次世界大战

Z

Zamyatin, Yevgeny 尤金·扎米亚金

扩展阅读

Chapter 1

Illuminations: The Critical Theory Web Site. www.uta.edu/huma/illuminations/

Arato, Andrew, and Eike Gebhardt, eds. *The Essential Frankfurt School Reader.* New York: Continuum, 1982.

Benhabib, Seyla, et al., eds. *On Max Horkheimer* Cambridge, MA: MIT Press, 1995.

Bronner, Stephen Eric. *Of Critical Theory and Its Theorists.* 2nd ed. New York: Routledge, 2002.

Bronner, Stephen Eric, and Douglas Kellner, eds. *Critical Theory and Society.* New York: Routledge, 1989.

Habermas, Jürgen. *Philosophical-Political Profiles.* Translated by Frederick Lawrence. Cambridge, MA: MIT Press, 1983.

Jay, Martin. *The Dialectical Imagination.* Berkeley: University of California Press, 1996.

Lowenthal, Leo. *Critical Theory and Frankfurt Theorists: Lectures-Correspondence-Conversations.* New Brunswick, NJ: Transaction, 1989.

Tar, Zoltan. *The Frankfurt School.* New York: Schocken, 1985.

Wheatland, Thomas P. *The Frankfurt School in America: A Transatlantic Odyssey.* Minneapolis: University of Minnesota Press, 2009.

Wiggershaus, Rolf. *The Frankfurt School: Its History, Theories, and Political Significance.* Translated by Michael Robertson. Cambridge: Polity Press, 1994.

Chapter 2

Arato, Andrew, and Paul Breines. *The Young Lukacs and the Origins of Western Marxism*. New York: Seabury, 1979.

Dubiel, Helmut. *Theory and Politics: Studies in the Development of Critical Theory*. Translated by Benjamin Gregg. Cambridge, MA: MIT Press, 1985.

Forgasc, David, ed. *The Antonio Gramsci Reader 1916–1935*. New York: New York University Press, 2000.

Honneth, Axel. *Disrespect: The Normative Foundations of Critical Theory*. Cambridge: Polity Press, 2007.

Horkheimer, Max. *Critical Theory*. Translated by Matthew J. O'Connell. New York: Seabury Press, 1973.

———. *A Life in Letters: Selected Correspondence*. Edited and translated by Manfred R. Jacobson and Evelyn M. Jacobson. Lincoln: University of Nebraska Press, 2007.

Jay, Martin. *Marxism and the Totality: Adventures of a Concept from Lukacs to Habermas*. Berkeley: University of California Press, 1996.

Jones, Steven J. *Antonio Gramsci*. New York: Routledge, 2006.

Kellner, Douglas. *Critical Theory, Marxism, and Modernity*. Baltimore: Johns Hopkins University Press, 1989.

Korsch, Karl. *Revolutionary Theory*. Edited by Douglas Kellner. Austin: University of Texas Press, 1974.

Merleau-Ponty, Maurice. *Adventures of the Dialectic*. Translated by Joseph Bien. Evanston, IL: Northwestern University Press, 1973.

Morton, Adam. *Unraveling Gramsci: Hegemony and Passive Revolution in the Global Economy*. London: Pluto Press, 2007.

Rush, Fred, ed. *Cambridge Companion to Critical Theory*. New York: Cambridge University Press, 2004.

Chapter 3

Benjamin, Walter. *Illuminations*. Edited by Hannah Arendt. Translated by Harry Zohn. New York: Schocken, 1969.

Berman, Marshall. *Adventures in Marxism*. London: Verso, 1999.

Easton, Loyd D., and Kurt H. Guddat, eds. and trans. New York: Doubleday, 1967.

Feenberg, Andrew. *Alternative Modernity: The Technical Turn in Philosophy and Social Theory*. Berkeley: University of California Press: 1995.

Gerth, H. H., and C. Wright Mills, eds. *From Max Weber: Essays in Sociology*. New York: Oxford University Press, 1958.

Honneth, Axel. *Reification: A New Look at an Old Idea with Judith Butler, Raymond Geuss, and Jonathan Leader*. Edited by Martin Jay. New York: Oxford University Press, 2008.

Marcuse, Herbert. *From Luther to Popper: Studies in Critical Philosophy*. Boston: Beacon Press, 1991.

Ollman, Bertell. *Alienation: Marx's Concept of Man in Capitalist Society*. New York: Oxford University Press, 1977.

Schmitt, Richard. *Alienation and Freedom*. Boulder: Westview Press, 2002.

Chapter 4

Adorno, Theodor W., et al. *The Positivist Dispute in German Sociology*. Translated by Glyn Adey and David Frisby. London: Heinemann, 1976.

Bobbio, Norberto. *Ideological Profile of Twentieth Century Italy*. Translated by Lydia G. Cochrane. Princeton, NJ: Princeton University Press, 1995.

Bronner, Stephen Eric. *Reclaiming the Enlightenment: Toward a Politics of Radical Engagement*. New York: Columbia University Press, 2004.

————. *A Rumor About the Jews: Anti-Semitism, Conspiracy, and the Protocols of Zion*. New York: Oxford University Press, 2004.

Marcuse, Herbert. *Negations: Essays in Critical Theory*. Beacon Press: Boston, 1969.

Rabinbach, Anson. *In the Shadow of Catastrophe: German Intellectuals Between Apocalypse and Enlightenment*. Berkeley: University of California Press, 2001.

Chapter 5

Abromeit, John, and W. Mark Cobb, eds. *Herbert Marcuse: A Critical Reader*. New York: Routledge, 2003.

Buck-Morss, Susan. *Dialectics of Seeing: Walter Benjamin and the Arcades Project*. Cambridge, MA: MIT Press, 1991.

Daniel, James Owen, and Tom Moylan, eds. *Not Yet: Reconsidering Ernst Bloch*. London: Verso, 1997.

Feenberg, Andrew, ed. *Essential Marcuse*. Boston: Beacon Press, 2007.

Habermas, Jürgen. *Toward A Rational Society: Student Protest,
Science, and Politics*. Boston: Beacon Press, 1970.
Kellner, Douglas, et al. *On Marcuse*. Boston: Sense Publishers, 2008.
Taylor, Ronald, ed. *Aesthetics and Politics: The Key Texts to the Classic
Debates in German Marxism*. New York: Verso, 2007.
Wolin, Richard. *Walter Benjamin: An Aesthetic of Redemption*.
New York: Columbia University Press, 1982.

Chapter 6

Adorno, Theodor W. *The Culture Industry: Selected Essays on Mass
Culture*. Edited by J. M. Bernstein. New York: Routledge, 2001.
———. *Prisms*. Translated by Samuel Weber and Shierry Weber.
Cambridge, MA: MIT Press, 1994.
———. *The Stars Down to Earth and Other Essays on the Irrational
in Culture*. Edited by Stephen Crook. New York: Routledge, 1994.
Kellner, Douglas. *Media Spectacle and the Crisis of Democracy:
Terrorism, War, and Election Battles*. Denver: Paradigm, 2005.
Negt, Oskar, and Alexander Kluge. *Public Sphere and Experience:
Toward an Analysis of the Bourgeois and Proletarian Public
Sphere*. Translated by Peter Labanyi. Minneapolis: University of
Minnesota Press, 1993.
Ritzer, George. *The McDonaldization Thesis: Explorations and
Extensions*. London: Sage, 1998.
Scholem, Gershom. *Walter Benjamin: The Story of a Friendship*.
Translated by Harry Zohn. New York: Schocken, 1981.
Wolff, Robert Paul, Barrington Moore, and Herbert Marcuse.
A Critique of Pure Tolerance. Boston: Beacon Press, 1969.

Chapter 7

Adorno, Theodor W. *Lectures on Negative Dialectics*. Edited by Rolf
Tiedemann. Translated by Rodney Livingstone. Cambridge: Polity
Press, 2008.
———. *Notes to Literature*. 2 vols. Edited by Rolf Tiedemann.
Translated by Shierrby Weber Nicholson. New York: Columbia
University Press, 1992.
Adorno, Theodor W., and Walter Benjamin. *The Complete
Correspondence 1928-1940*. Edited by Henri Lonitz. Translated by
Nicholas Walker. Cambridge, MA: Harvard University Press, 1999.

Buck-Morss, Susan. *The Origins of Negative Dialectics: Theodor W. Adorno, Walter Benjamin, and the Frankfurt Institute.* New York: Free Press, 1979.

Jameson, Fredric. *Late Marxism: Adorno, or, The Persistence of the Dialectic.* London: Verso, 1990.

Jay, Martin. *Adorno.* Cambridge, MA: Harvard University Press, 1984.

Zuidevaart, Lambert. *Adorno's Aesthetic Theory: The Redemption of Illusion.* Cambridge, MA: MIT Press, 1993.

Chapter 8

Adorno, Theodor W. *Introduction to Sociology.* Edited by Christoph Godde. Translated by Edmund Jephcott. Stanford, CA: Stanford University Press, 2000.

————. *Problems of Moral Philosophy.* Edited by Thomas Schröder. Translated by Rodney Livingstone. Stanford, CA: Stanford University Press, 2001.

Adorno, T.W., et al., *The Positivist Dispute in German Sociology.* New York: Harper, 1976.

Berlin, Isaiah. *Against the Current: Essays in the History of Ideas.* Edited by Henry Hardy. New York: Penguin, 1979.

————. *The Magus of the North: J. G. Hamann and the Origins of Modern Irrationalism.* Edited by Henry Hardy. London: John Murray, 1993.

Dumain, Ralph. "The Autodidact Project." Available at http://www.autodidactproject.org/.

Fay, Brian. *Critical Social Science: Liberation and Its Limits.* Ithaca, NY: Cornell University Press, 1987.

Habermas, Jürgen. *Moral Consciousness and Communicative Action.* Translated by Christine Lenhardt and Shierry Weber Nicholson. Cambridge, MA: MIT Press, 1991.

Kirchheimer, Otto. *Politics, Law, and Social Change.* Edited by Frederic S. Burin and Kurt L. Schell. New York: Columbia University Press, 1969.

Marcuse, Herbert. *Technology War and Fascism: Collected Papers,* vol. 1. Edited by Douglas Kellner. New York: Routledge, 1998.

Neumann, Franz. *The Democratic and Authoritarian State.* Edited by Herbert Marcuse. New York: Free Press, 1957.